跟毛泽东学领导方略

张太原 著

人民出版社

目录

序言
毛泽东的领袖之路

　　领导一词，原是英文 leader 的音译。然而，极妙的是，汉语"领"和"导"组合起来本身就有这个意思：领者，带领也；导者，指引也。既"领"且"导"，就是既要带路，又要指路。柳亚子赞扬毛泽东的词中曾有这样两句："不是一人能领导，那容百族共骈阗？"到今天，"领导"亦成了管理学上的一个概念。简单地说，就是一个人运用其法定权力和自身影响力率领一群人去实现预定的目标。怎样实现目标呢？自然需要领导方略。毛泽东由中国共产党的一般领导者成为伟大领袖，在长期的革命和建设实践中，探索和总结出了一套比较系统的领导方略。

　　在中共三大上，毛泽东被选为中国共产党的最高领导机构 5 人中央局成员之一，并担任中央局秘书（此时的中央局相当于后来的中央政治局），可谓第一次进入了中共中央的领导核心，亦可堪称中国共产党的领袖人物。此后，虽然毛泽东在党内一直担负重要的领导工作，但是也有过多次的升降起伏。大革命失败后，他坚决不同意留在中央工作，辗转深入到农村腹地，先后领导开辟了井冈山革命根据地和中央革命根据地。1931年11月，中华苏维埃共和国临时中央政府在江西瑞金成立，毛泽东任主席。虽然这在名义上有"最高领导"的味道，但是当时毛泽东更为重要的地位，即是与朱德一起成为中国工农红军的领袖人物。朱毛红军在当时的南方几个省份几乎是家喻户晓。即便是万里之外的苏联和共产国际在几个场合也称毛泽东为"中国人民传奇式的领袖"，"钢铁般的意志，布尔什维克的顽强，令人吃惊的大无畏精神。出色的革命统帅和国务活动家的天才——这就是中国人民的领袖毛泽东同志具有的高贵品质"。① 由此得知，毛泽东后来成为中国共产党的伟大领袖，绝不是偶然的，而是有着披荆斩棘的开创之功和几乎无人匹敌的赫赫战功。

一、"两个重要关键的会议"

一些论著说，遵义会议确立了以毛泽东为首的领导

---

① 苏联《真理报》1929 年 7 月 2 日。

地位，在严格意义上，这种说法不太准确。毛泽东成为中共中央的领导核心有一个过程。在遵义会议上，张闻天被推为"负总责"，周恩来被定为党内"军事上下最后决心的负责者"，毛泽东只是增选为常委，被定为"军事指挥上的帮助者"，也就是周恩来的助手。会后不久，一次毛泽东私下里对贺子珍说："我是借人家的码头打仗，不谨慎不行。"这充分表明了当时毛泽东所处的领导地位。即便如此，邓小平后来回忆，那个时候，在重要问题上，"大多是毛泽东同志出主意，其他同志同意的。尽管名义上他没有当总书记或军委主席"①。确切地说，长征路上，毛泽东逐渐成为中共中央事实上的"领导核心"。这正如后来彭德怀讲的，领袖是在长期斗争中产生的；毛泽东的领导地位是由正确的领导取得的。在复杂的政治斗争和内外战争的环境下，党的关键领导人的决策及能力对党的生存、发展和前途至关重要。第三个历史决议对遵义会议确立的毛泽东领导地位用词十分准确："一九三五年一月，中央政治局在长征途中举行遵义会议，事实上确立了毛泽东同志在党中央和红军的领导地位，开始确立以毛泽东同志为主要代表的马克思主义正确路线在党中央的领导地位，开始形成

---

① 袁永松：《伟人邓小平》，红旗出版社 1997 年版，第 181 页。

以毛泽东同志为核心的党的第一代中央领导集体"①。一个"事实上"和两个"开始"恰如其分地说明了遵义会议的历史作用及其所形成的毛泽东的领导地位。

不过，遵义会议以后相当长的时间，毛泽东作为事实上的"领导核心"，在党内并没有得到理性上的认同、制度上的维护与组织上的认定。因而，先后出现过两次大的对其领导地位的挑战。一是来自张国焘，一是来自王明。

长征途中，红一、四方面军在四川懋功会师之后，张国焘得知中央红军只剩下 3 万人，远远少于他率领的 8 万人，其心理顿时不平衡起来。不久，即开始走上夺权之路，其主要做法：一是不同意中央"北进"的行动方针，提出就地发展。二是向中央要权，以"提拔工农干部"为名，要求改组中央领导机构。比如，他怂恿部下提出由他任军委主席，由红四方面军的政委陈昌浩任红军总政委，甚至还提出红四方面军的 9 名干部进入中央政治局。当时中央政治局委员总共才有 8 人。他的理由冠冕堂皇，说是让工农干部到中央"学习领导工作"。面对张国焘的人多势众、兵强马壮，毛泽东等中央领导

---

① 《中共中央关于党的百年奋斗重大成就和历史经验的决议》，人民出版社 2021 年版，第 6 页。

自然也不能等闲视之，于是专门开会讨论，最后决定让张国焘担任红军总政委，并增补红四方面军的陈昌浩、周纯全为中央委员、中央政治局委员，徐向前为中央委员，此举显然是先稳住张国焘，部分满足他的要求，以使他服从中央的安排。

果然，张国焘暂时安定下来。但是，其个人野心并未消除，反而愈发膨胀，不久又欲改变中央的北上方针，不惜以武力相威胁。而在中央红军率先北上以后，张国焘竟然在卓木碉另立"中央"，还荒唐地宣布开除毛泽东等中央领导同志的党籍，致使党陷入了分裂的严重危险。1935年12月5日，张国焘以"党团中央"名义致电毛泽东、彭德怀等人，宣称："此间已用党中央、少共中央、中央政府、中革军委、总司令部等名义对外发表文件，并和你们发生关系"；"你们应以北方局、陕甘政府和北路军，不得再冒用党中央名义"。① 收到电报后，毛泽东等中央领导同志感到啼笑皆非，但仍做了谨慎处理，回电说：我们可以不称中央，你们也不要称中央，一切等共产国际和党的代表大会解决。后来党中央和毛泽东完全掌控了局势之后，才在延安召开政治局

---

① 《朱德年谱（新编本）》上，中央文献出版社2006年版，第551页。

会议，通过了《中央政治局关于张国焘同志错误的决议》（1937年3月31日），彻底解决了张国焘问题。此一过程，既没有发生武力冲突，又没有造成党的分裂，可谓处置高妙，有惊无险。

正是在反对张国焘分裂党的斗争中，毛泽东在党中央的领导地位进一步巩固。1935年8月19日，张闻天在沙窝主持中央政治局常委会会议研究常委分工问题，决定毛泽东代替周恩来直接负责军事。这是毛泽东第一次被确定为党中央的最高军事负责人。稍后，即同年11月3日，中央政治局在下寺湾会议上，决定成立西北革命军事委员会，由毛泽东担任主席，并恢复红一方面军番号，由毛泽东兼任政委，这是毛泽东第一次就任党的最高军职。这样，毛泽东的领导核心地位在领导职务上得到更鲜明体现。

然而，两年以后，王明的到来又使毛泽东的领导地位发生了严重动摇。胡乔木回忆："王明1937年第二次回国，又是作为共产国际的代表，对毛主席的领导大有取而代之的味道。"①1959年，毛泽东因彭德怀事件特别提及，第二次王明路线时期，实际上是"两个中央"，掌握实权的是王明在武汉主持的中共中央长江局。当

---

① 《胡乔木回忆毛泽东》，人民出版社2014年版，第67页。

时，苏联情报员在给本国的报告中也曾讲到王明在武汉实际上成立了"第二中央"。此间，毛泽东曾气愤地对李维汉说：现在我的命令出不了这个窑洞。由此可见，全民族抗战初期，王明的到来改变了在实际工作中已形成的中央领导格局和毛泽东的领导核心地位。

不过，共产国际得知这种情况以后，最终选择了支持毛泽东。共产国际执委会主席季米特洛夫对中共驻共产国际代表王稼祥、任弼时说："应该承认毛泽东同志是中国革命实际斗争中产生出来的领袖，告诉王明，不要争了吧！"[①] 这一决定作出后令王稼祥立即回国传达。1938 年 8 月，王稼祥带着共产国际的口信回到延安。中共中央决定立即召开六届六中全会来传达。王明这时仍然耍大牌，要求把会议搬到武汉去开。为此，王稼祥不得不向他预先透露一点共产国际的意思，从而使他惴惴不安地回到延安。同年 9 月 29 日至 11 月 6 日，在延安召开了六大以来到会人数最多的一次中央全会。首先由王稼祥传达共产国际的指示。他讲道："国际认为中共的政治路线是正确的，中共在复杂的环境及困难条件下真正运用了马列主义"，国际希望中国党"在

---

① 《任弼时年谱（1904—1950）》，中央文献出版社 2014 年版，第 372 页。

领导机关中要在毛泽东为首的领导下解决，领导机关中要有亲密团结的空气"。[①] 王稼祥的传达，在与会人员中产生了很大震动。

　　与几个月前的中央政治局会议相比，风向发生了根本性变化，大家纷纷发言赞成共产国际的指示，拥护毛泽东成为党的领袖。周恩来说，完全同意国际的决定。刘少奇说，领袖要拥护，要使委任的领袖成为群众拥护的领袖。张闻天说，能否成为党的领袖，决定于在最困难的时期能否最能坚持党的正确路线。连王明也不得不表示："全党必须团结统一，我们党一定能统一团结在中央和毛同志的周围（领袖的作用，譬如北辰而众星拱之）。"[②] 那时候中国共产党与共产国际，还是一种上下级的组织关系，党的最高领导人如果没有共产国际的"认定"，在党内显然是不会被完全认可的。张国焘和王明挑战毛泽东的领导地位及其最终的失败，都与共产国际的态度不无关系。对此，毛泽东自己的感受也是很深的，他后来曾说："季米特洛夫同志是个好同志，他帮过我们很多忙。抗日战争中，他帮助我们抵抗了右倾机会主义。这个右倾机会主义的领导就是过去'左'

[①] 《王稼祥选集》，人民出版社1989年版，第138、141页。

[②] 《中共党史教学参考资料》二，人民出版社1957年版，第220页。

倾机会主义的领导人王明。"①毛泽东还讲过，中国共产党的"历史上有两个重要关键的会议"：一是遵义会议，二是六届六中全会，并说"六中全会是决定中国之命运的"。六届六中全会，否定了错误的领导，确认了正确的领导，使毛泽东成为中共中央领导层公认的领导核心，从而使中国革命从胜利走向胜利，的确是决定中国命运的关键一招。

二、毛泽东领袖地位的确立

面对六届六中全会的局面，毛泽东自然是感到十分愉悦的，但同时也不能不想到今天王明能下去，明天还有可能会上来，联系到六届六中全会几个月前中央政治局会议的情况，毛泽东不能不考虑如何在党内使王明的错误路线彻底失去基础，或使党内不再出现王明这样的人物，让中央领导层和全党彻底弄清思想上的是非。为此，毛泽东产生了改造党的思想方法的想法。1940 年12 月，在中共中央政治局会议上，毛泽东先是提出对遵义会议决议做些修改，认为此前中央的路线是有问题

---

① 《毛泽东著作专题摘编》下，中央文献出版社 2003 年版，第 2369 页。

的。但是，没想到这一提议遭到张闻天强烈反对。这说明，即便是六届六中全会以后相当长的一段时间内，毛泽东作为中共中央"领导核心"的权威性也还是不够的。1941年5月，毛泽东作《改造我们的学习》的报告，同样受到张闻天主持的中央宣传部的抵制。毛泽东后来说，这个报告在当时"毫无影响"，直到整风大幕拉开后，这篇文章才被登载于《解放日报》。军事上，项英领导的新四军对毛泽东和党中央的命令不能积极执行，在很大程度上导致了皖南事变的发生。思想上，整风过程中王明横生枝节，小动作不断，还理直气壮地讲："不要怕说教条，教条就教条"，"如果一学就怕教条，一条也记不住，哪里谈得到运用？"

中国共产党的历史表明，领导核心确立之后，不予以"维护"，党的路线、方针和政策同样不能得到很好贯彻执行。为改变这种状况，毛泽东和中共中央主要采取了两个方面的重大举措：

一是加强组织制度建设，特别是通过自下而上的领导机构调整，巩固和强化了毛泽东在中共中央的领导核心地位。

1942年9月1日，中共中央颁发了《中共中央关于统一抗日根据地党的领导及调整各组织间关系的决定》。其中规定："根据地领导的统一与一元化，应当表现在每个根据地有一个统一的领导一切的党的委员会（中央局、分局、区党委、地委），因此，确定中央代表机关（中央局、分局）及各级党委（区党委、地委）为各地区的最高领导机关，统一各地区的党政军民工作的领导"①。这就是说，党组织是各根据地的最高领导机构。为进一步明确这个《决定》的要求，中共中央于1942年12月1日又发出了《关于建立各级领导核心的指示》，规定在抗日根据地军区、分区两级建立领导核心，只留三个主要负责人，分负党委、政府、军队责任，其中一人为书记。"每一军区、每一分区必须承认一个比较优秀一点的同志为领导中心，不应谁不服谁，闹到群龙无首。"在各地领导机构调整的基础上，中共中央领导机构也进行了调整和改革。1943年3月16—20日，中央政治局召开会议，通过了《关于中央机构调整及精简的决定》。主要包括两个方面：一是关于中央政治局的权责，规定"在两次中央全会之间，中央政治局担负领导整个党工作的责任，有权决定一切重大问题。政治局推定毛泽东同志为主席"。二是关于中央书记处的权责和改组，规定"书记处是根据政治局所决定的方针处理

----

① 《建党以来重要文献选编（1921—1949）》第19册，中央文献出版社2011年版，第423页。

日常工作的办事机关，它在组织上服从政治局，但在政治局方针下有权处理和决定一切日常性质的问题"。中央书记处由毛泽东、刘少奇、任弼时三人组成，毛泽东为主席。书记处会议由主席召集，所讨论的问题，"主席有最后决定之权"。至此，毛泽东在组织上成为实至名归和名副其实的全党的最高领导人。

二是在思想作风上，富有创造性地开展了整风运动。整风在很大程度上就是用马克思主义中国化的理论成果即毛泽东思想武装全党，而这个目的确实达到了。与之相伴的是，毛泽东作为全党的领袖受到普遍认可。在延安整风之前，毛泽东一般只被称为党的"领袖之一"，毛泽东去抗大作讲演，被介绍为："我们党的领袖之一毛泽东同志"①。邓力群回忆，在 1942 年以前从未听到有人"单独地提领袖毛泽东"②。

有研究者指出："从遵义会议到党的六届六中全会这个阶段里，毛是从军事统帅逐步成为党中央领导的实际核心，张是中央的总负责人，他们两人的合作应该说是很好的。从这段时期保存在中央档案馆的中央 100 多份会议记录中可以看到大部分会议都是张闻天主持，许

---

① 罗点点：《红色家族档案》，南海出版社 1999 年版，第 19 页。
② 《陈云传》上册，中央文献出版社 2005 年版，第 332 页。

多重大决策都是毛或张先作报告，并在讨论的基础上张作总结发言，毛作结论。"从 1935 年 6 月到 1938 年 10 月三年多的时间里，"保留下来的'洛毛'或'毛洛'联署的电报就有 338 份"①。毛泽东曾戏称张闻天为"明君"，讲民主，不争权。有两个例子也可看出来：一是当张国焘向中央要权时，张闻天主动提出把"总书记"让给张国焘，只是由于毛泽东等人不同意才作罢；二是 1938 年 3 月 27 日《救亡日报》记者发表的一篇文章中，将张闻天称为"中共中央总书记"。张闻天了解情况后，为了避免引起误会，专门在《新华日报》刊载一个声明道："中共中央设由少数同志组织之书记处，但并无所谓总书记。"② 这正好与张国焘和王明的做派形成鲜明的对照。

1938 年 9 月，中共六届六中全会召开之前，在得知共产国际的决定后，张闻天主动提出在会上推举毛泽东担任总书记，但是当时毛泽东本人不主张提这个问题，因而作罢。③ 不过，据张闻天回忆，自 1939 年春起，他就"把政治局会议地点，移到杨家岭毛泽东同志

---

① 中共中央文献研究室第一编研部编：《话说毛泽东》，中央文献出版社 2000 年版，第 432 页。

② 《张闻天（洛甫）启事》，《新华日报》1938 年 4 月 12 日。

③ 张培森主编：《张闻天年谱》上卷，中共党史出版社 2000 年版，第 586 页。

的住处开，我只形式上当主席，一切重大问题均由毛主席决定"①。到1940年初，实际上已经把"总书记"（即"负总责"）的全部工作移交给了毛泽东。1941年9月中央政治局会议以后，张闻天感到继续在中央政治局工作多有不便，按他后来反省的话说，"因为对毛主席的思想了解还不深刻，所以有些事情还做不来"，"为了不阻碍毛主席整风方针的贯彻，同时为了使自己多多少少同实际接触一番，所以决心出发，考察一个时期"。②这样，从1942年1月26日起，张闻天带领延安农村调查团奔赴晋西北进行考察调研，直到1943年3月3日中共中央机构改革前才回到延安。

从毛泽东成为中国共产党领袖的过程可以发现，首先是他个人具备成为领袖的条件。就当时的情况来看，要成为中国共产党的领袖，除莫斯科的因素，从党内的认可度和期许来说，至少须在三个方面非常突出和过硬：一是资历和实际斗争经验；二是军事才能；三是理论素养。这三点，毛泽东都兼而有之，并且无与伦比。由此来看，领袖不是天生的，不是自封的，而是干出来

---

① 张培森主编：《张闻天在1935—1938（年谱）》，中共党史出版社1997年版，第319页。

② 张培森主编：《张闻天年谱》下卷，中共党史出版社2000年版，第459页。

的；但是，另一方面，领袖又是拥护出来的。正是在整风过程中，毛泽东的领袖地位获得了中共中央领导层、广大干部和一般党员的拥护。1944年，当周恩来得知王明仍不满于党组织对他个人的处理并感到委屈时说："王明还是站在个人利益上认识问题。"[①] 显然，周恩来等多数中共中央领导人当时也都认识到中国共产党需要一个领袖，并且需要拥护。应该说，这正体现了中国共产党人的党性。对毛泽东来讲，自延安整风以后所形成的领袖或领导核心地位，已远远超越了组织和制度上的规定，而变成了全党一致的信仰，逐渐成为全党的一种精神支柱。

这一点，可以与国民党做一比较。陈立夫在检讨国民党的失败时说："促进一个理想，就是喊出：'一个主义'、'一个领袖'。我们使蒋先生会成为党的名实相符的领导者，因为那时所有的麻烦就是由于这党没有真正的重心，所以'名不正则言不顺，言不顺则事不成'的状况才会造成，这也是全国对内对外所最需要的一个条件。"[②] 显然，国民党同样认识到了领袖的确立对党之重

---

① 《周恩来年谱（1898—1949）》修订本，中央文献出版社1998年版，第584页。

② 陈立夫：《成败之鉴：陈立夫回忆录》，台北正中书局1994年版，第166页。

要，但是，在大陆期间自始至终蒋介石都没有能成为国民党内具有绝对权威的领袖。从这一点上来说，毛泽东领袖地位的确立，对于后来打败蒋介石和国民党起到了至关重要的作用。

张闻天讲过，经过延安整风，认识到："毛泽东不但是个政治家、军事家，而且是个理论家"；"一种对毛泽东心悦诚服的感觉也从此时发展起来"。周恩来谈道："我在学习中得到的结论是，毛泽东同志的路线是正确的。"正像六届七中全会指出的那样，经过延安整风，从中共中央领导层到全党，都"空前一致地认识了毛泽东同志的路线的正确性"，"以毛泽东同志为代表的马克思列宁主义的思想"普遍地深入地掌握了干部、党员和人民群众。

在中共七大上，毛泽东思想首次作为党的指导思想写进了党章，更加巩固了毛泽东在中共中央和全党的领导核心地位。全党不但在思想上、政治上、组织上增加了对毛泽东领导的高度认同，而且还在情感上逐渐形成了一种无与伦比的忠诚和追随，甚至对毛泽东的领袖地位形成了一种信仰、一种精神寄托。当然，这也为毛泽东晚年不自觉地走向错误留下了制度性缺陷。后来的历史表明，坚强的领导核心形成以后，仍然要充分发挥领导集体的智慧，仍然要充分发挥党内民主，仍然要有相得益彰的领导制度，否则就会造成灾难性的后果。

第一章　毛泽东早年的志业

中共一大召开之时，据目前的史料显示，全国各地共有党员58人。这58人的出身、学历、成分和职业是十分值得注意的：留日的有18人，北京大学毕业生有17人，其他大学的有8人，中师、中学毕业的有13人，只有2人文化程度不高。从职业来看，担任教师包括教授的17人，在校学生24人，报业人员、律师、职员等包括弃官不做的自由职业者有13人，党务和工会工作者2人，典型意义上的工人仅2人。这些人大都出身于富有和殷实之家，在"经济"上并不困难，有的还很不一般。比如，一大会址，现在看起来也是一幢入时的宅第，在当时则是上海代表李汉俊和他的胞兄的寓所。这样一批人是社会中生活比较优裕的少数人，但是他们的成长被社会中"大多数穷苦人民"包围着，在读书的过程中，"为生民立命"的传统伦理，"人生而平等"的外来观念，不断地激发着他们思考和关心周围"大多数穷苦人民"生活的责任感与使命感。其中，毛泽东的志业特别能体现近代以后中国人的需要。时势造英雄，如果没有时代的需要，英雄是造不出来的。

一、"幸福吾民"

毛泽东十四五岁时，一边务农，一边自己读书。当然，读的大都是有趣的小说之类的书，就像今天中学生读课外书一样。与众不同的是，他有一天忽然想到，书里的主要人物都是什么文官、武将和书生等，没有一个是以种地的农民做主人公的。显然，少年毛泽东在帮父亲种地的过程中，对周围的农民有了较多的感知，特别是发现一些整日劳作的人反而生活艰难，从而引发了这种思考。对此，他感到困惑不解，纳闷了两年，后来才逐渐认识到小说中的主人公是不必种田的，他们都是人民的统治者。①

十七岁时，他从"许多豆商"那里听到的一件事情更是影响了他的一生。那年湖南发生了严重的饥荒，在长沙有成千上万的人没有吃的。饥民派了一个代表团到

---

① 《毛泽东年谱（1893—1949）》上卷，中央文献出版社1993年版，第6页。

抚台衙门请求救济。抚台傲慢地回答他们说："为什么你们没有吃的？城里有的是。我就从来没饿过。"这真是像历史上"晋惠帝之问"一样，得知许多百姓没有粮食吃，被活活饿死，大为不解地问："百姓无粟米充饥，何不食肉糜？"但是，经过戊戌变法风气渐开的湖南农民，已不再像古代的饥民那样温顺。当抚台回答的话传到耳朵里，他们怒气冲天，立即举行游行示威，并攻打巡抚衙门，砍断了官府门前的旗杆，赶走了抚台。这以后，省府衙门一个姓庄的特派大员骑着马出来，告诉人们说官厅将采取措施帮助他们。姓庄的这个做法显然是有诚意的，可是清廷皇帝不喜欢他，谴责他同"暴民"勾结，结果他很快被革职。不久，来了一个新抚台，立即下令逮捕暴动的领袖，其中许多人被杀头，挂在旗杆上示众。这件事对毛泽东的震动很大，他觉得所谓的"暴民"就像自己家里人那样的普通人，对于他们所受的冤屈深感不平，并一直记在心上。[①] 显然，此时的毛泽东已经有了朴素的仗义济民的情怀。

这以后，当地发生的两件大事，更是让他真切地感受到了穷苦人所受的欺压和生活的不易。

---

① 《毛泽东自述》（增订本），人民出版社 2023 年版，第20—21 页。

一件是韶山哥老会会员们的遭遇。他们同本地的一个地主发生了冲突，到官府去打官司。由于地主的势力很大，加上对官府里的人进行了贿赂，结果哥老会的会员们败诉了。但是，他们并没有屈服，而是撤到本地一个山里，建立起堡寨，不断地去打击地主和官府。官府派军队攻打他们，最后被镇压下去了。一个叫彭铁匠的起义领袖，逃亡过程中被抓住杀了头。然而，毛泽东和同学们都觉得他是一个英雄，都同情这次起义。这种同情并不是凭空产生的，应该与他们读的历史上反映绿林好汉和侠义之士的书是分不开的。

另一件大事是他直接感受到的"粮荒"。穷人没有饭吃，自然要求富裕的人接济，甚至发生了"吃大户"的运动。毛泽东家的粮食，因父亲处理不当，也被没收了！① 这样一些穷苦人的遭遇、饥饿和反抗显然激发了他的思考：为什么会出现这样的情况？尽管当时他还不明白，但无疑影响了他以后的社会关怀、思想转化和人生道路的选择。

或许正因为早年对穷苦人生活的这种感知，在他初步有了改造社会的思想的时候，才会发出这样的呼声："我们关在洞庭湖大门里的青年，实在是饿极了！

---

① 《毛泽东自述》（增订本），人民出版社 2023 年版，第 21 页。

我们的肚了〈子〉固然是饿，我们的脑筋尤饿！替我们办理食物的厨师们，太没本钱。我们无法！我们惟有起而自办！这是我们饿极了的哀声！千万不要看错！"① 意思是如果社会不能解决我们的"饥饿"问题，只好自己起来解决。他还进一步设问，并回答："世界什么问题最大？吃饭问题最大。"② 显然，如何解决吃饭问题成为毛泽东有了社会责任以后所关注的第一位的问题，并成为他参加革命的动力，以及革命的主要目标之一，甚至成了新中国领导人以后所考虑的治国理政的头等大事。直到 1959 年，他在党内通讯中都还写道："须知我国是一个有六亿五千万人口的大国，吃饭是第一件大事。"③ 让所有的中国人都吃上饭、吃好饭，应该是毛泽东自幼就产生的朴素愿望，同时又是他成年以后致力于社会改造过程中一直存在的理性追求。

由于毛泽东最初对穷苦人的了解主要来自于所成长的湖南，因此他对人民生活的用力乃至奔走呼号也是从湖南着手的。当时，清廷虽被推翻，但湖南在军阀统治

① 毛泽东：《我们饿极了》，《湘江评论》创刊号 1919 年 7 月 14 日。

② 毛泽东：《〈湘江评论〉创刊宣言》（1919 年 7 月 14 日）。

③ 《毛泽东著作选读》下册，人民出版社 1986 年版，第 811 页。

之下，"叠受兵凶，连亘数年，疮痍满目"。皖系军阀张敬尧入湘以后，更是"加米捐，加盐税，加纸捐，加田税，人民之膏脂全干。洎乎今日，富者贫，贫者死，困苦流离之况，令人不忍卒闻"①。面对湖南人民所受的这种痛苦，毛泽东会同社会各界掀起了轰轰烈烈的"驱张运动"。为此，还上书中央政府，历数其罪状。② 显然，此时毛泽东仍是试图用改良的方式来改变湖南人民的生活状况。

然而，中央政府治下又能好多少呢？以首善之区的北京为例，"中等社会言之耳苟能收入至百元以上当可维持其生活，若收入少于是数而人口多于前表所碍之人，则生活维持当然不易；至若下流劳动社会如车夫等则收入未必增多，而有吃无穿，两饥一饱，其苦更不堪言矣！唐人诗云'朱门酒肉臭道傍多死人'，每诵斯言辄为流涕。"③ 由乡而国，是那个时代的先进人物产生国家观念的一种普遍路径。当意识到整个中国大多数人的生活都如此朝不保夕的时候，国家情怀和责任也就产生了。

早些时候，毛泽东在《商鞅徙木立信论》中曾提出，

① 《毛泽东早期文稿》，湖南人民出版社 2013 年版，第 587 页。
② 《申报》1920 年 1 月 31 日。
③ 《北京社会生活费概况》，《申报》1919 年 11 月 24 日。

人民的幸福需要有良好的法令："法令者，代谋幸福之具也。法令而善，其幸福吾民也必多"①。所以，当他开始致力于"幸福吾民"的时候也试图从"法令"入手："以后的政治法律，不装在穿长衣的先生们的脑子里，而装在工人们农人们的脑子里。他们对于政治，要怎么办就怎么办。他们对于法律，要怎么定就怎么定。议政法，办政法，要有职业的人才配议，才配办。无职业的人，对于政治法律，简直没有发言权。有职业的人，对于政治法律，又一定要去议要去办。你不去议政治法律，政治法律会天天来议你。你不去办政治法律，政治法律会天天来办你。"②有人民的政治法律，才会有人民想要的生活。虽然毛泽东此时仍然在探索着改良的道路，但是已明显地融入了马克思主义的因素。1921 年 4 月，他在长沙《大公报》连续撰文指出，省宪法草案的最大缺点，就是对人民的权利规定得不够。在他看来，需明确规定"人民有依其自由意志求得正当职业之权"。这样，人民才会有"生存权"。

中共一大之后，他在主持湘区工人运动的时候，更是以"劳工的生存权"相号召：做工的时候能生存，"一

①　《毛泽东早期文稿》，湖南人民出版社 2013 年版，第 1 页。
②　毛泽东：《释疑》，湖南《大公报》1920 年 9 月 27 日。

个人在'老''少'两段不能做工的时候应该都"有一种取得保存他生命的食物的权利";"大家注意生存权，就请注意湖南现在有多少人要饿死？"① 能不能吃上饭，基本的生存保障，是毛泽东的一种天然的社会关怀。不过，这个时候他已经有明显的阶级意识了。1921 年 11月，他在《劳工周刊》撰文提出，劳动组合的目的，不仅在于团结劳动者以罢工的手段取得优益的工资和缩短工作时间，尤其在于养成阶级的自觉，以全阶级的团结，谋全阶级的根本利益。

在遭遇工人运动的失败以后，毛泽东真切地认识到中国仍然是"军阀的天下"，特别是认识到不仅湖南人民生活在"黑暗"之中，而且整个中国大多数人都在"封建的反动政治"之下："人民百分之九十几未受教育；除开沿江沿海沿铁路稍有点可怜的工商业外，全部都属于农业经济生活；人民的组织，除开沿江沿海沿铁路应乎他们经济的情形有一点微弱的组织，像工商、教职员、学生等团体外，几乎全是家族的农村的手工业的自足组织；蒙古、新疆、青海、西藏、陕西、甘肃、四川、贵州、广西各地至今无一寸铁路；全国无一个有三十万确实党员的政党；全国无一家销到二三十万份的

---

① 《毛泽东文集》第 1 卷，人民出版社 1993 年版，第 8—9 页。

报纸；全国无一种销到两三万份的杂志；而中国全体有人口四万万。"① 这样一种全国的视野，对"百分之九十几"的人民生活状况的关怀，表明毛泽东的国家责任和谋幸福对象日益明确。同时，这也在激发毛泽东思考为什么这多数人受极少数人——军阀的压迫。军阀背后的支撑是什么呢？

经过在更大范围内和更高层面上参加革命活动，毛泽东逐渐认识到"极少数"背后还有一个"少数派"，那就是"乡村宗法封建阶级（地主阶级）"，"不动摇这个基础，便万万不能动摇这个基础的上层建筑物。中国的军阀只是这些乡村封建阶级的首领，说要打倒军阀而不要打倒乡村的封建阶级，岂非不知道轻重本末"？② 由封建阶级这个"少数"又带出来他更熟悉的农民阶级这个真正的"大多数"。为此，他在参加国民革命的过程中，号召广大革命青年："要立刻下了决心，向党里要到命令，跑到你那熟悉的或不熟悉的乡村中间去，夏天晒着酷热的太阳，冬天冒着严寒的风雪，搀着农民的手，问他们痛苦些什么，问他们要些什么。从他们的痛苦与需要中，引导他们组织起来，引导他们向土豪劣绅

---

① 《毛泽东文集》第 1 卷，人民出版社 1993 年版，第 11—12 页。
② 《毛泽东文集》第 1 卷，人民出版社 1993 年版，第 37 页。

争斗，引导他们与城市的工人、学生、中小商人合作建立起联合战线"①。

实际上他自己正是这样做的，尤其是在大革命失败以后，他深入湘鄂粤赣等省农村，用了几年的工夫，彻底弄清了农村的阶级状况："地主人口不过百分之一，富农人口不过百分之五，而贫农、中农人口则占百分之八十。一方面以百分之六的人口占有土地百分之八十，另方面以百分之八十的人口则仅占有土地百分之二十。"②为这样"百分之八十"的人而奋斗，极大地增强了他对未来革命的信心。

他曾明确地说，革命就是要反抗"那封建宗法性一切反动势力根本源泉之地主阶级，使中国大多数穷苦人民得享有经济幸福"③。在他看来，"几个人享福，千万人要哭"的社会是要不得的。可以说，工农大众即"大多数穷苦人民"是否"幸福"，一直是他念兹在兹的。青少年时期对穷苦人的同情、感知、思考与成年以后对社会的观察、接受的思想学说，最后有机地结合在一起，凝聚成一种矢志不移的志向，化作一种无比神圣的使命，那就是为"大多数穷苦人民"谋"幸福"。当然，

---

① 《毛泽东文集》第1卷，人民出版社1993年版，第39页。

② 《毛泽东文集》第2卷，人民出版社1993年版，第383页。

③ 《毛泽东文集》第1卷，人民出版社1993年版，第16页。

那时毛泽东所理解追求和向往的"幸福"，首先是要吃饱饭，而这一点对"四万万"人民来说也是不容易的。联想到改革开放以后中国人温饱问题的彻底解决，与当年毛泽东参加革命的初心是何等一致！又是怎样地"一脉相承"！当然，中国共产党人在毛泽东初心的基础上又"继续前进"了。

二、"世界是我们的，做事要大家来"

1921年初，毛泽东与新民学会会员经过讨论，最终明确了他们的共同目的就是"改造中国与世界"。毛泽东说：提出世界，所以明吾侪的主张是国际的；提出中国，所以明吾侪的下手处。中国问题本来是世界的问题，然从事中国改造不着眼及于世界改造，则所改造必为狭义，必妨碍世界。① 稍后，毛泽东会同何叔衡、贺民范等28人发起组织长沙中韩互助社，支持朝鲜人民反对日本侵略争取民族独立的斗争②，充分表明了他们的世界眼光和"世界改造"的实际行动。那么，

---

① 《毛泽东年谱（1893—1949）》上卷，中央文献出版社2013年版，第77页。

② 《毛泽东年谱（1893—1949）》上卷，中央文献出版社2013年版，第91页。

毛泽东的视野为何一下子从湖南扩展到了"世界"呢？作为中国腹地的一群知识青年，这样一种世界视野和关怀又是怎么来的呢？

传统的读书人，对身处在中国往往有一种天然的优越感，特别是受到儒家思想的洗礼以后，则自然而然地形成一种浓郁的家国情怀和兼济天下的抱负。但是，这样一种优越感和抱负在近代中国遭遇了前所未有的打击。以毛泽东为例，十六岁左右，读了一本关于瓜分中国的小册子。开头一句便是："呜呼，中国其将亡矣！"其中，叙述了日本占领台湾的经过以及朝鲜、越南、缅甸等国被外国侵占的情况。试想，习惯了"泱泱大国""文明之邦"和"万国来朝"的读书人，在得知国家陷入了这样一种状态的时候，心情会是何等沮丧！若干年后，毛泽东都还清楚地记得，这本书激发了他对国家前途命运的思考。有过"兴"，才能谈得上"复"。中华民族在历史上的辉煌乃是推动近代仁人志士投身民族复兴的最强大动力。

20 世纪初叶的中国，外国势力和因素随处可见，而不断扩张的新式教育和有关外国的书籍也进一步培育了中国人的世界眼光。毛泽东回忆，这一时期，他学了一些外国历史和地理。在一篇讲美国革命的文章里，第一次听到美国这个国家，其中特别令他印象深刻的是这样的话："经过八年苦战，华盛顿获得胜利，并建立了他的国家。"[①] 在一部叫作《世界英杰传》的书里，他还读到了拿破仑、叶卡捷琳娜女皇、彼得大帝、威灵顿、格拉斯顿、卢梭、林肯等人物的事迹。不难想象，这些杰出人物为各自国家所做的壮举，怎样激发了他对自己国家的责任感，并使他开始把中国和世界联系起来思考问题。1915 年 9 月，他在致萧子升的信中说："观中国史，当注意四裔，后观亚洲史乃有根；观西洋史，当注意中西之比较，取于外乃足以资于内也。"[②] 这表明对于中外历史毛泽东已不再停留在学习和了解阶段，而进入了深入研究的阶段。第二年，他还得出了一种非常精到而有远见的研究结论："日人诚我国劲敌！""二十年内，非一战不足以图存"，"欲完自身以保子孙，止有磨励以待日本"[③]。"纵横万里""民数号四万万"的中国，却备受昔日属于四裔之列的日本侵凌，应该是刺激大多数学子立志为国献身的一种最直接的现实因素。

在中国人的世界观念形成的过程中，中国自近代以来处于弱势地位，由此逐渐产生出一种为了中国的世界

---

① 《毛泽东一九三六年同斯诺的谈话》，人民出版社 1979 年版，第 16 页。

② 《毛泽东早期文稿》，湖南人民出版社 2013 年版，第 21 页。

③ 《毛泽东早期文稿》，湖南人民出版社 2013 年版，第 45 页。

主义。1917 年，毛泽东与同学交谈时提出，人生不能单以解决衣食住为满足，还应追求吾人理想之世界主义。[①] 把人生理想与世界联系起来，充分表明那时的青年人对于中国与世界的鲜明感知。第二年，毛泽东与几个友人创建新民学会，同样是基于一种"共同的感想"，就是"个人及全人类的生活向上"。[②] 1920 年 9 月，毛泽东任湖南一师附属小学主事。他题写了一副对联挂在小礼堂里面：世界是我们的，做事要大家来！[③] 面对小学生，告知这样的道理，提出这样的希望，可知那时中国先进分子的世界眼光到了何等普遍与深入的程度。

　　1920 年 11 月，毛泽东致信旅居新加坡的张国基，主张"湘人往南洋应取世界主义而不采殖民政策。世界主义，愿自己好，也愿别人好，质言之，即愿大家好的主义。殖民政策，只愿自己好，不愿别人好，质言之，即损人利己的政策"。[④] 相对于南洋，当时中国仍处于先

---

① 《毛泽东年谱（1893—1949）》上卷，中央文献出版社 2013年版，第 34 页。

② 《毛泽东年谱（1893—1949）》上卷，中央文献出版社 2013年版，第 34 页。

③ 《毛泽东年谱（1893—1949）》上卷，中央文献出版社 2013年版，第 74 页。

④ 《毛泽东年谱（1893—1949）》上卷，中央文献出版社 2013年版，第 80 页。

进地位。在南洋有过成长经历的陈序经后来指出，在南洋的谋生经营事业方面，使他感触特别深的是，一般土人不如华人，而华人又不如西人。① 不难发现，毛泽东的世界主义隐含着两层含义：一，"愿自己好，也愿别人好"；二，世界好，中国才能好。这既反映了对中国传统"天下"观念的继承，又反映了被"半殖民"后的中国人一种新的人类观念的诞生。联想到现在中国提出的"构建人类命运共同体"倡议，其中体现出怎样的一种历史逻辑？所以，面对中国日益走近世界舞台的中央，一些国家的担心显然是不必要的，反而应该是世界的幸事："愿大家好的主义"来了！

以毛泽东为代表的这些青年人之所以有这样的"世界主义"，从他们办的文化书社所经售的出版物，可见一斑：

罗素政治理想、罗素社会改造原理、马格斯资本论入门、杜威五大讲演、赫克尔一元哲学、达尔文物种原始、社会主义史、女性论、旅俄六周见闻记、爱的成年、科学方法论、迷信与心理、欧洲政治思想小史、托尔斯泰传、胡适中国哲学史大纲、欧洲文学史、心理学大纲、印度哲学概论、国际联盟讲评、人类学、波斯问

---

① 陈序经为著名历史学家、社会学家、教育家，曾提倡在中国创立"文化学"。参见杨深编《走出东方——陈序经文化论著辑要》，中国广播电视出版社 1995 年版。

题、科学的社会主义、欧美各国改造问题、革命心理、创化论、近代思想、柏拉图之理想国、中国人口论、新道德论、生物之世界、孙文学说、科学通论、现代思潮批评、近世经济思想史论、近世社会学、俄罗斯名家小说、克鲁泡特金的思想、新俄国之研究、心灵现象论、实验主义、杜威现代教育的趋势、杜威美国民治的发展、现代心理学、天文学、西洋新绘画，等等。①

　　阅读了这样一些书籍，世界主义的产生便不足为奇了。特别是会使人很容易认识到，要改造中国，就要改造世界。1920 年 11 月，毛泽东编辑《新民学会会员通信集》时说明，他们反复讨论研究的主题之一就是"改造世界诸方法"②。这里所讲的世界，显然更主要的现实指向乃是"中国"自身。对于其中提到的"诸方法"，毛泽东似乎大都尝试过。首先是教育。早在 1917 年 11 月，毛泽东在写学友会日志的时候就曾指出，每个人应有受教育的机会，以造成新国民及有开拓能力之人才，来作为"我国现社会的中坚"③。1920 年 1 月，他在

---

　　① 《毛泽东早期文稿》，湖南人民出版社 2013 年版，第 487—488 页。

　　② 《毛泽东早期文稿》，湖南人民出版社 2013 年版，第 519 页。

　　③ 《毛泽东年谱（1893—1949)》上卷，中央文献出版社 2013 年版，第 31 页。

与湖南省城各校教职员代表联名给民国大总统的呈文中写道："我国今日要务，莫急于图强，而图强根本，莫要于教育。"① 同年 7 月，他为湘潭教育促进会起草的宣言书指出，教育为促使社会进化之工具，教育者为运用此种工具之人。故教育学理及教育方法必日有进化，乃能促社会使之进化。②

毛泽东不但这样号召，而且自己身体力行。1920 年 9 月，应湖南省教育会长兼第一师范校长易培基聘请，毛泽东认认真真地当了一阵"小学教员"。③ 后来，他多次对人讲过"当一个小学教员"的经历。1921 年 11 月，毛泽东在填《少年中国学会会员终身志业调查表》时，已经成为共产党员的他，于"终身欲从事之事业"一栏，填写的仍然是"教育事业"四个字。④ 可知，毛泽东早年真诚地走过"教育救国"的道路。

然而，这条道路相对于整体性的现实毕竟是太过于

---

① 《毛泽东年谱（1893—1949)》上卷，中央文献出版社 2013 年版，第 51 页。

② 《毛泽东年谱（1893—1949)》上卷，中央文献出版社 2013 年版，第 61 页。

③ 《毛泽东年谱（1893—1949)》上卷，中央文献出版社 2013 年版，第 74 页。

④ 张允侯：《五四时期的社团》一，三联书店 1979 年版，第 422 页。

渺茫："国家坏到了极处，人类苦到了极处，社会黑暗到了极处。"因此，采取补救的方法，诸如教育、兴业等，固然是不错的，但是很难能够从根本上解决问题。为此，毛泽东提出当时他所能想到的一个根本方法，就是民众的大联合，并豪迈地宣称："天下者我们的天下。国家者我们的国家。社会者我们的社会。我们不说，谁说？我们不干，谁干？刻不容缓的民众大联合，我们应该积极进行！"① 这里，传统的以天下为己任的胸怀与外来的国家、社会责任意识是多么有机地融合在了一起。美国学者费正清曾提出"刺激—反应"模式来分析中国近代社会的演进。实际上，如果中国自身是麻木的，无论怎样"刺激"都是无济于事的。

传统思想的积极进取和外面世界的精彩相遇，使五四那一代青年，往往具有浓厚的理想主义色彩。毛泽东所尝试的另一条改造道路是建设"新村"。1919年12月，他在《湖南教育月刊》撰文谈道，"改良其旧"，必须矢志"创造其新"，因而数年来追求新社会生活，曾计议在岳麓山建设以新家庭、新学校、新社会结合一体为根本理想的新村：第一步，创办一所半工半读的新学校，在里面减少教授时间，使学生多自动研究及

① 《毛泽东早期文稿》，湖南人民出版社 2013 年版，第 356 页。

工作，比如从事种园、种田、畜牧等事项；从而使学生养成乐于农村生活的习惯，纠正学生毕业之后"多骛都市而不乐田园"的时弊。第二步，由新学生创造新家庭，若干家庭组成一个新社会。第三步，在新社会中设公共育儿院、公共图书馆、公共银行、公共医院。最后一步，把一个个新村连成一片，成为一个理想的国家。①这种理想的新村建设之主张在当时乃是一种思潮。"年来国中有志之士，奔走号呼。提倡新村生活者，颇不乏人。"此举既着眼于解决教育与社会的脱节，又着眼于解决都市与乡村的反差。"就新村言之，即可改良乡村之弊，而取都市之所长，为一种新生活之试验。其收效亦可有乡村之丰厚，而无都市之罪恶也。"②理想的美好往往映照的是现实的残酷。对一般人来说，越是理想化的时候越是对现实感到无奈的时候。

既然国家的整体性状况很难一下子改变，毛泽东又逐渐产生了从局部着手"改良"的希望。1920 年 6 月，在军阀谭延闿主湘以后宣称"湘省自治"的背景下，毛泽东起草的《湖南改造促成会发起宣言》指出："观之现今国内问题，为种种特殊势力所牵掣，有不能遽为

---

① 《毛泽东年谱（1893—1949）》上卷，中央文献出版社 2013 年版，第 55 页。

② 华林：《乡村生活》，《东方杂志》第 18 卷第 23 号，1921 年。

全盘解决之势。"因此，他提出，"打破没有基础的大中国，建设许多的小中国"，"分裂，去谋各省的分建设"，待一二十年各省"分建设"好了，再搞"澈底的总革命"。具体一点，就是先建设一理想的"湖南共和国"："建立以民为主的真政府。自办银行，自置实业，自搞教育，健全县乡自治机关，成立工会、农会，保障人民集会、结社、言论、出版自由权利，等等。"这样一种设计主要还是寄希望于军阀，自然不可能付诸实施。毛泽东备受打击，在给友人向警予的信中写道：几个月来，已看透了。政治界暮气已深，腐败已甚，政治改良一途，可谓绝无希望。吾人惟有不理一切，另辟道路，另造环境一法。① 道路在哪里呢？

那时的中国，"个人解放"虽方兴未艾，但是"社会改造"也日益成为思想界言说的重点，汇为一种"时代思潮"。并且，"言改造者"，越来越趋向于"根本"一途，"须先摒弃一切腐朽，破坏之旧材料，而另择合用之新材料改造之，庶可称为根本之改造，庶其所改造者，乃可永久而不再改造"②。毛泽东曾提出的"改良其旧"逐渐变为打破其旧。"不破旧社会不

---

① 《毛泽东早期文稿》，湖南人民出版社 2013 年版，第 493 页。
② 《改造》，《申报》1920 年 12 月 1 日第 11 版。

能得新社会"，"夫倒恶政府，不能望诸恶政府自倒，倒之之责在我民，非异人任焉。"因此，应"持坚忍的毅力，抱彻底的主张，以谋所以倒政府，使恶者改为良，破社会，使旧者化为新"①。打倒旧的，建立新的，逐渐成为时代的呼声；旧的就在眼前，而新的在哪里呢？

三、"实行社会主义"

辛亥革命爆发后，毛泽东从支持革命的《湘汉新闻》上第一次看到"社会主义"这一新名词，接着读了江亢虎写的一些关于社会主义的小册子，遂产生浓厚兴趣，并与同学进行了讨论。这个时候，毛泽东对社会主义仅仅是看作外来的新鲜事，不但不清楚它有许多流派，而且还远没有与中国自身联系起来。五四以后，在十月革命和中国新思潮运动的激荡下，他很快发现改造社会的方法中，"有一派很激烈的"，"即以其人之道还治其人之身"的方法，这一派的首领，是一个生在德国的，叫作马克思。②

① 《改造政府与社会》，《申报》1922 年 2 月 2 日第 15 版。

② 毛泽东：《民众的大联合》，《湘江评论》第 2 号，1919 年 7 月。

不过，在相当长时间内，他仍没有弄清马克思主义的社会主义与其他社会主义的区别。1920 年 3 月，他专门去找亦师亦友的黎锦熙谈"究竟选定哪一种社会主义"①。与此同时，他在给周世钊的信中明确地表示："现在我于种种主义，种种学说，都还没有得到一个比较明了的概念，想从译本及时贤所作的报章杂志，将中外古今的学说刺取精华，使他们各构成一个明了的概念。"② 这种迷惑应该是很多人都经历过的，面对潮水般的"新思潮"，"隔着纱窗看晓雾，社会主义流派，社会主义意义都是纷乱，不十分清晰的"。③ 对毛泽东来说，这种情况在几个月以后就发生了改变。后来他谈道，"到了一九二〇年夏天，在理论上，而且在某种程度的行动上，我已成为一个马克思主义者了"④。

他所记忆的成为马克思主义者的时间未必准确，因为这年夏天他仍在积极地进行"湖南共和国"的筹划。

---

① 《毛泽东年谱（1893—1949）》上卷，中央文献出版社 2013 年版，第 61 页。

② 《毛泽东年谱（1893—1949）》上卷，中央文献出版社 2013 年版，第 62 页。

③ 瞿秋白：《赤都心史》，东方出版社 2015 年版，第 28 页。

④ 《毛泽东年谱（1893—1949）》上卷，中央文献出版社 2013 年版，第 57 页。

1920 年 10 月，他还参与起草省城全体市民致谭延闿的请愿书，望其打断从前一切葛藤，铲除旧习，采取民治主义及社会主义，以解决政治上及经济上之特别难点，以免日后再有流血革命之惨。① 希望统治者采取"社会主义"以避免"流血革命"，这显然不是马克思主义者的观点和做法。不过，大致同时，他在《湘江评论》上开始热情歌颂十月革命的胜利，认为这个胜利必将"普及于世界"，"我们应该起而仿效"。可以说，毛泽东心中的一扇大门正渐渐关闭，而另一扇大门则正在打开，并且越开越大。

他后来回忆：1920 年冬，"第二次到北京期间，读了许多关于俄国情况的书。我热心地搜寻那时候能找到的为数不多的用中文写的共产主义书籍。有三本书特别深地铭刻在我的心中，建立起我对马克思主义的信仰。我一旦接受了马克思主义对历史的正确解释以后，我对马克思主义的信仰就没有动摇过"②。这三本书是：《共产党宣言》《阶级斗争》《社会主义史》。根据目前能查到的材料，这三本书中有的出版时间可能晚一些，

---

① 《毛泽东年谱（1893—1949）》上卷，中央文献出版社 2013 年版，第 77 页。

② 《毛泽东年谱（1893—1949）》上卷，中央文献出版社 2013 年版，第 56 页。

但是这期间毛泽东建立起对马克思主义的信仰应大致不差。许多人都是读了这些书而成为马克思主义者的。新式书籍是推动近代思想变革的最重要的载体。而从此再"没有动摇过",对毛泽东来说则有着独特的思想渊源。

早在 1917 年 8 月,毛泽东在致黎锦熙的信中就曾写道:"欲动天下者,当动天下之心,而不徒在显见之迹。动其心者,当具有大本大源。"这个"大本大源"是什么呢?"夫本源者,宇宙之真理。天下之生民,各为宇宙之一体,即宇宙之真理,各具于人人之心中,虽有偏全之不同,而总有几分之存在。今吾以大本大源为号召,天下之心其有不动者乎? 天下之心皆动,天下之事有不能为者乎? 天下之事可为,国家有不富强幸福者乎?"① 这个"本源"显然类似于古代所讲的"道",而中国之"道"在五四那一代人心中已失去了"真理"之价值,反而成为竞相批判之物。但是,在向西方寻求"真理"的过程中,又难免带着深深的传统烙印,不由自主地或不自觉地天然地渴望遇到一种与传统"哲学"和"伦理学"同质性的"道":既能解释世界,又能改造世界。经过长期摸索、反复比较和亲身实验,毛泽东最终发现,马

---

① 《毛泽东早期文稿》,湖南人民出版社 2013 年版,第 73 页。

克思主义即是他孜孜寻求的能够致国家"富强幸福"的"大本大源"。从此，不再动摇也就变得可以理解了。

1920 年 11 月，毛泽东复信罗章龙，强调新民学会的结合，要有明确的主义，主义譬如一面旗子，旗子立起了，大家才有所指望，才知所趋赴。[①] 这里所讲的"主义"显然已很明确，那就是马克思主义。正是这时，他应陈独秀之约，会同何叔衡、彭璜、贺民范等在长沙创建了共产党组织。这应该是他在理论上和行动上成为一个马克思主义者的最重要的标志。中共八大时，毛泽东填的入党时间即是 1920 年，说明这一事件乃是他的人生进入到一个新阶段的里程碑。

稍后，毛泽东在给蔡和森的信中写道："全民族迫切需要这样的共产主义，正如饥饿的人需要大米一样。"[②] 推己及人，此时的毛泽东认为，要解决"全民族"的"饥饿"，唯有靠共产主义。他还明确地表示赞同以"改造中国与世界"为新民学会的方针。他说，这个方针是世界主义的，就是四海同胞主义，也就是所谓社会主义。关于改造中国与世界的方法，他不同意萧子升等所主张的、自己也曾认同的以教育为工具

---

① 《毛泽东年谱（1893—1949）》上卷，中央文献出版社 2013年版，第 70 页。

② 《毛泽东文集》第 1 卷，人民出版社 1993 年版，第 397 页。

的方法，而极赞成蔡和森提出的用俄国式的方法，组织共产党，实行无产阶级专政。因为专制主义者，或帝国主义者，或军国主义者，非等到人家来推倒，决没有自己肯收场的。他还明确地指出，对于绝对自由主义、无政府主义以及德谟克拉西主义，都只是"理论上说得好听，事实上是做不到的"①。可见，走俄国人的路，用激烈的无产阶级革命的方法来"改造中国和世界"，对毛泽东来说已经明确无疑。值得注意的是，对自由主义在中国行不通，一些精英层面的自由知识人，直到20世纪30年代才认识到这一点。当时，蒋廷黻大声疾呼："我们对于本国的政治没有认识。因为没有认识，所以我们才高谈，畅谈，专谈西洋的自由主义及代表制度"；"从理想说来，我以为这种制度比任何专制都好，从事实上看起来，我以为这种制度绝不能行"。②大干快上，能够迅速地切实地解决中国的问题，乃是五四以后致力于社会改造者的一种普遍追求。这方面，毛泽东和马克思主义者显然走在了前面。

1921年1月，毛泽东同何叔衡等十余人在长沙召开新民学会会员新年大会。他在会上指出，世界上解决

---

① 《毛泽东书信选集》，中央文献出版社2003年版，第6页。
② 蒋廷黻：《论专制并答胡适之先生》，《独立评论》第83号，1933年12月。

社会问题的方法大概有五种：1.社会政策；2.社会民主主义；3.激烈方法的共产主义（列宁的主义）；4.温和方法的共产主义（罗素的主义）；5.无政府主义。这五种方法，毛泽东有的亲身实践过，有的反复研究过，他一一作了评述。最后他说："激烈方法的共产主义，即所谓劳农主义，用阶级专政的方法，是可以预计效果的，故最宜采用。"① 稍后，他在给蔡和森的信中写道："唯物史观是吾党哲学的根据，这是事实，不像唯理观之不能证实而容易被人摇动。"② 此时的毛泽东明显不再有究竟选哪种主义好的烦恼，在很大程度上已成为一个坚定的马克思主义者，并且有了初步的理论上的建树。同年3月，他在湖南一师出席马克思主义学术研究会，并作关于剩余价值的讲演，③ 表明他对马克思主义的掌握已非常深入。

几个月后，他代表湖南的共产党早期组织去上海参加中共一大。从此，毛泽东作为一个出色的共产党人开始了他崭新的革命历程。1922年4月底，他在衡阳湖南三师作关于社会主义的学术讲演，指出要改造社会必

① 《毛泽东文集》第1卷，人民出版社1993年版，第2页。

② 《毛泽东文集》第1卷，人民出版社1993年版，第4页。

③ 《毛泽东年谱（1893—1949）》上卷，中央文献出版社2013年版，第98页。

须有一种正确的远大的理想，并且为实现这种理想而奋斗，这个理想就是社会主义。[①]同年12月，根据中共二大纲领，他向湖南学生联合会提出的奋斗目标，即是造成真正民主主义的政治，进而建设真正平等的社会，创造真正的光明世界。[②]

自此，以社会主义来改造中国和世界，成为毛泽东矢志不渝的一种信念。在他看来，要做到这一点，首先要打倒帝国主义和封建主义。当然，他后来还认识到民主革命完成后，不能马上建立一个社会主义社会，而是分两步走："第一，要把半殖民地半封建社会改变为民主主义社会，即新民主主义社会"；"第二，共产党还要办一件事，还要换一个朝，就是由资产阶级民主主义社会变为无产阶级社会主义社会。"[③]然而，社会主义的目标在民主革命的过程中毛泽东丝毫没有忘记过，即便是后来他对社会主义的理解出现了偏差，对社会主义建设的探索出现了失误，而对社会主义的信念却从未动摇过，对社会主义的追求也从未停止过。这就是毛泽东，

---

① 《毛泽东年谱（1893—1949）》上卷，中央文献出版社2013年版，第102页。

② 《毛泽东年谱（1893—1949）》上卷，中央文献出版社2013年版，第116页。

③ 《毛泽东文集》第3卷，人民出版社1996年版，第56、58页。

这就是中国共产党人，这就是马克思主义者。

毛泽东早年的志业就是要使占中国大多数的穷苦人得幸福，就是要改造中国和世界。1925年，他曾明确地说明："为什么要革命？为了使中华民族得到解放，为了实现人民的统治，为了使人民得到经济的幸福。"[①]在毛泽东看来，要使中华民族得到解放，使人民幸福，就要在中国"干社会主义"。他在《新民主主义论》中指出："只有进到社会主义时代才是真正幸福的时代。"列宁曾说，领袖是一定的社会阶级集团中最有威信，最有影响，最有经验，被选出担任最重要职务的领导者；领袖不能在温室里造就和成长，必须在群众斗争的伟大实践中得到考验和锻炼，无产阶级的领袖应具备这样的优秀品质：身兼革命家和理论家的品格，一切从党和人民群众的根本利益出发，坚持群众路线。显然，毛泽东早年的志业已经使他具备了成为领袖的基础。

能否成为领袖还要看个人对历史的把握和历史对个人的筛选。就一般人来说，要成为社会中的领导者，首先要能为社会做贡献。领导方略不是天生的，也不是空想出来的，而是从前人那里学来的，更是在社会中磨炼出来的。

---

① 《毛泽东文集》第1卷，人民出版社1993年版，第21页。

第二章 毛泽东领导方略的 历史基础

领导方略特别体现在领导者的格局和实现目标的能力方面，即全局的视野和长远的眼光，"通达天地，明贯过去现在未来"。中外历史中蕴含着丰富的领导智慧，毛泽东的领导方法与韬略之所以高超，就在于对历史的了解和精通，"观往迹制今宜"。学习历史，运用历史，创造历史，既是成就毛泽东领导方略的三个层次，又是毛泽东领导方略实现的路径和逻辑。

一、"掌上千秋史，胸中百万兵"

古往今来，关于历史对人类的作用，有许许多多经典的说法："历史是记忆之学，它帮助我们认识自己、认识他人、认识世界"；"历史孕育了真理；它能和时间抗衡，把遗闻旧事保藏下来；它是往古的迹象，当代的鉴戒，后世的教训”；"欲知大道，必先读史"；"历史是一面镜子，它照亮现实，也照亮未来"；等等。当然，对于共产党人，最熟悉的莫过于马克思恩格斯讲的："我们仅仅知道一门唯一的科学，即历史科学。"还有列宁说的"忘记历史就等于背叛"。如果按照近代的科学来看中国古代的学问，能够称得上科学的恐怕只有历史学，所谓"六经皆史也"。英人李约瑟的《中华科学文明史》开篇即指出："在中国，历史为万学之母"。近代思想家梁启超也认为："中国于各种学问中，惟史学为最发达；史学在世界各国中，惟中国为最发达。"在中国古代士人眼里，安身立命，治国平天下，都离不开一个"史"字。"天地间无非史而已。"马克思主义以解释历史引出改造历史的格局与方向，这是非常符合中国历史传统的。马克思主义与中国传统文化有共同的重史的学理基础。

把这种学理和传统集于一身并发挥到极致的是中国共产党的领袖毛泽东。古文字学家高亨曾作词称赞："掌上千秋史，胸中百万兵。眼底六洲风雨，笔下有雷声。"古今自明于掌上，天地了然在胸中，这不是一种改天换地的领导方略吗？如此运筹帷幄，与毛泽东一贯重视历史、学习历史和研究历史是分不开的。1920 年，他在一封信中写到："读历史是智慧的事"，要让"智慧指导冲动"。那么，怎样读历史呢？一部二十四史，都不知从何说起；上下5000年的中华文明史，更是千头万绪。打开历史的智慧之门，显然需要一把钥匙。对此，青年毛泽东孜孜以求，最终找到了对历史"正确阐释"的马克思列宁主义。他不但用这种新的宇宙观理解中国和世界的历史，而且还用它指导现实的政治活动，"第一次在政治上组织工人"的时候，就已经"开始用马克思列宁主义理论和俄国革命历史的影响来指导"了。另一方面，在探索中国革命道路的过程中，他不断地结合中国自身的历史来推动马克思主义的中国化，使"正确的历史解释"不断出现新的生机。

毛泽东大力提倡有条件的共产党人都要把研究马克思主义和研究民族历史结合起来："一切有相当研究能力的共产党员，都要研究马克思、恩格斯、列宁、斯大林的理论，都要研究我们民族的历史"；"没有革命的理论，没有历史知识"，"要取得胜利是不可能的"。① 深刻地理解理论需要深刻地了解历史。延安整风时，他指出，党内教条主义之所以成风，原因就在于不了解中国自身的历史："不论是近百年的和古代的中国史，在许

① 《毛泽东选集》第2卷，人民出版社1991年版，第532—533页。

多党员的心目中还是漆黑一团。许多马克思列宁主义的学者也是言必称希腊，对于自己的祖宗，则对不住，忘记了。"[1] 他为救治教条主义者开出的药方即是学习和研究历史：不单是懂得希腊就行了，还要懂得中国；不但要懂得外国革命史，还要懂得中国革命史；今天的中国是历史的中国的一个发展，不但要懂得中国的今天，还要懂得中国的昨天和前天。共产党人"不能割断历史"。根据他的提议，中共中央专门作出决定，号召共产党人要"学会应用马克思列宁主义的立场、观点和方法，认真地研究中国的历史，研究中国的经济、政治、军事和文化，对每一问题要根据详细的材料加以具体分析，然后引出理论性的结论来"[2]。对于这种由历史介入理论的学习方法，刘少奇形象地说过："历史里边也有普遍真理"，不了解历史"就理论不起来"；不仅要懂得中国历史，而且要懂得西方历史，否则就是"跛足的马克思主义者"。理论都是在历史中形成的，学习理论，须把理论重新还原为历史。理论即是以历史为支撑的系统化的领导方略。那么，回溯到历史现场中学习理论是中国共产党人培养领导方略的一种特有的方式。

---

① 《毛泽东选集》第 3 卷，人民出版社 1991 年版，第 797 页。

② 《毛泽东选集》第 3 卷，人民出版社 1991 年版，第 814—815 页。

结合历史学习理论的一个目的就在于弄清什么是正确的，什么是错误的。酝酿党内整风时，毛泽东先是用了半年时间，亲自主持编辑了党的历史文件，即《六大以来——党内秘密文件》。其用意是让执行过"左"倾路线的领导人，面对大量历史材料，不得不承认错误。结果恰如他所料："党书一出，许多同志解除武装"；许多领导人"读了之后恍然大悟，发生了启发思想的作用"。毛泽东对党的改造、对政治上的重大举措和对战略发展方向的调整，大都是从历史入手的。在他看来，"如果不把党的历史搞清楚，不把党在历史上所走的路搞清楚，便不能把事情办得更好"①。那么，怎样才能把党的历史搞清楚呢？

首先是要用整个党的发展过程做研究对象，进行客观的研究，不是只研究哪一步，而是研究全部；不是研究个别细节，而是研究路线和政策。其次是要用全面的历史的方法，即"古今中外法"，就是弄清楚所研究的问题发生的一定的时间和一定的空间，把问题当作一定历史条件下的历史过程去研究。所谓"古今"就是历史的发展，所谓"中外"就是中国和外国、己方和彼方。辛亥革命以来，五四运动、大革命、内战、抗战，这是

① 《毛泽东文集》第 2 卷，人民出版社 1993 年版，第 399 页。

"古今"。中国的共产党、国民党，农民、地主、工人、资本家和世界上的无产阶级、资产阶级等等，这就是"中外"。这样研究历史的态度和方法，即使在今天的专业历史研究领域也不过时，比如改革开放以后近代史领域被众多学者推崇的"前后左右"法、"语境与文本"等，与这种"古今中外法"是非常一致的。而毛泽东研究历史强调"整个"、"全部"、重点、普遍联系等，都是对领导方略的一种滋养。可以说，历史思维是领导方略的基础，没有历史思维就不会有领导方略。

正因为人世间之事都与历史有关，毛泽东才提出，"凡事要从历史和环境两方面考察才能得到真相"[①]；"研究问题应该从历史的分析开始"。在他看来，历史是领导者必备的知识。所以，他一再号召"全党都要学点历史"。1958 年，他在郑州接见了一些地方干部，得知一位书记来自南阳，顺口说道：你们南阳，旧称宛城，是个古老的市镇，藏龙卧虎的地方哩！南阳有个卧龙岗，据说诸葛亮曾在那儿隐居过。诸葛亮，能人呵！俗话说，三个臭皮匠，胜过一个诸葛亮。看到这位书记对历史有点懵懂，临别时毛泽东特别提醒他要"学一点历史知识"。怎样学点历史呢？他曾向身边的人这样

---

① 《毛泽东文集》第 1 卷，人民出版社 1993 年版，第 74 页。

建议："先读现代史，然后读古代史、近代史，再读世界史。"①这颇有点像专业学者所讲的：读书先逆流而上，再顺流而下。遨游于历史的长时空，思维自然也就开阔了。

习近平多次谈到毛泽东提出的"古为今用""洋为中用"。要做到这一点，自然要研读历史。他认为："历史研究是一切社会科学的基础，承担着'究天人之际，通古今之变'的使命。"②2019年1月，习近平在致中国历史研究院成立的贺信中强调："历史是一面镜子，鉴古知今，学史明智。重视历史、研究历史、借鉴历史是中华民族5000多年文明史的一个优良传统。当代中国是历史中国的延续和发展。新时代坚持和发展中国特色社会主义，更加需要系统研究中国历史和文化，更加需要深刻把握人类发展历史规律，在对历史的深入思考中汲取智慧、走向未来。"研究历史，是为了更好地继承历史。在新时代，更好地运用历史使其经世致用，最重要的是以科学的态度对待历史，充分吸收历史中好的、精华的东西。这其中包括"先人传承下来的价值理念和道德规范"，比如"孝悌忠信、礼义廉耻、仁者爱

---

① 郑宜、贾梅编：《毛泽东生活实录（1946—1976）》，江苏文艺出版社1989年版，第155页。

② 《人民日报》2015年8月24日。

人、与人为善、天人合一、道法自然、自强不息等",
也包括"丰富的治吏经验"和"治国理政"的智慧。同
时，对历史要"有鉴别地加以对待，有扬弃地予以继
承"，注意剔除"封建糟粕"。在"国学"日益盛行的今
天，这样一种提醒和警示是非常有必要的。更好地对待
和运用历史，不能一味地赞扬或否定，而是要"本着择
其善者而从之、其不善者而去之的科学态度，牢记历史
经验、牢记历史教训、牢记历史警示"，从而摆脱历史
的负累，推陈出新。

邓小平曾把了解和懂得历史看作是"中国发展的一
个精神动力"。如果翻一翻《邓小平文选》第三卷，就
会发现平均不超过几页，就有谈历史的内容。习近平也
多次强调学习历史对共产党人的重要性。他说，"中国
革命历史是最好的营养剂"，多重温，心中就会增添很
多正能量。因为中国共产党的奋斗史中蕴含着一种伟大
的精神。在习近平看来，领导干部不管处在哪个层次和
岗位，都应该读点历史，通过学习历史，不断深化对人
类社会发展规律、社会主义建设规律和共产党执政规律
的认识；通过学习历史，可以使自己的眼界和胸襟大为
开阔，认识能力和精神境界大为提高。需要指出的是，
读点历史，要读史学工作者撰写的严肃的历史著述，不
能只看一些野史和演义之类的史书。其中，既要读中国

的，又要读世界的。学习和了解"一个民族、一个国家形成、发展及其盛衰兴旺的真实记录"，才能形成真正的历史思维。具备一定的历史知识和人文素养以后，就要善于用大历史的眼光看待和处理现实中的具体问题。特别是"对历史，我们要心怀敬畏、心怀良知"。从对历史负责的角度来衡量、规范和激发共产党人的所作所为。在物质生活日益丰富的今天，党员干部面临着"精神懈怠"的危险，学习历史还会增强共产党人的使命感。

二、"把别人的经验变成自己的"

1965年，毛泽东会见李宗仁时，忽然问在座的其秘书程思远："你知道我靠什么吃饭吗？"程思远有点摸不着头脑。毛泽东接着说："我是靠总结经验吃饭的。以前人民解放军打仗，在每个战役后，总来一次总结经验，发扬优点，克服缺点，然后轻装上阵，乘胜前进，从胜利走向胜利，终于建立了中华人民共和国。"[①] 中共历史上有那么多卓越的领导人，不可谓没有才能，有的堪称才华横溢，为什么毛泽东能够脱颖而出呢？一个很

---

① 邵康编：《毛泽东和党外朋友们》，团结出版社1996年版，第58页。

重要的原因，就在于他善于总结经验。

　　毛泽东成为中共领袖人物和历史风云人物的过程，就是一个总结经验的过程。首先是善于总结自己生活和参加革命斗争的经验。在中央苏区时，毛泽东给大家的一个普遍印象是"有才干"，但"个性强"。在一定程度上，正是这种"个性强"使他受到了"各种处分、打击，包括'开除党籍'、开除政治局候补委员，赶出红军等，有多少次呢？记得起来的有二十次"。然而，他却坦然面对。他认为，"对于那些冤枉和委屈，对于那些不适当的处罚和错误的处置，可以有两种态度。一种态度是从此消极，很气愤，不满意，另一种态度是把它当作一种有益的教育，当作一种锻炼。"把委屈"当作一种有益的教育"，把挫折"当作一种锻炼"，成为毛泽东总结出的一种人生经验和智慧。显然，毛泽东也反思了自己的"个性"。总结自己，改变自己，是任何成功者的必由之路。据贺子珍回忆："毛泽东在遵义会议以后，有很大的变化，他更加沉着、练达，思想更加缜密、周到，特别是更善于团结人了。"①成就一种大事业，既要接受别人，又要被别人接受。

　　更重要的是，作为开辟中国特色革命道路的主要代

---

　　①　王行娟：《贺子珍的路》，作家出版社 1985 年版，第 214 页。

表人物，毛泽东更善于总结党的经验与教训。《中国革命战争的战略问题》等著作就是他对中国革命战争中积累起来的丰富经验的总结。其中指出，战争是有规律的。战略问题是研究战争全局、规律的东西。可以说，毛泽东的领导方略正是在总结经验中形成的。当然，这样的经验也包括教训在里面。经验积累到一定程度，就有可能上升为"理论"。毛泽东说过，"《新民主主义论》是 1940 年写的。我参加共产党，打了 13 年仗，在这13 年之前还有 6 年，一共 19 年的时间，才认识到中国是什么样的中国，要采取什么政治纲领、文化纲领。"[1]意思是说，这一理论是经过长期的革命探索形成的，而这种探索又不是一帆风顺的。"经过胜利、失败，再胜利、再失败，两次比较，我们才认识了中国这个客观世界。"哪两次胜利和失败呢？一是 1924—1927 年大革命的胜利和失败。二是 1927—1934 年土地革命的胜利和失败。经过这两次革命，"错误和挫折教训了我们，使我们变得更加聪明起来"，使毛泽东对中国革命的一系列问题，比如，哪些先革，哪些后革，革些什么，依靠谁来革等，看得更清楚了。从这个意义上说，新民主主

---

① 《建国以来毛泽东军事文稿》下，军事科学出版社 2010 年版，第 319—320 页。

义理论就是毛泽东对中国革命经验的系统总结。胡耀邦曾讲过:"什么叫革命理论? 革命理论就是革命经验的总结。"实际上,任何理论都包含经验的系统性总结,同时又都含有面向全局和未来的战略构想,否则就称不上理论。

毛泽东还把总结经验作为一种工作方法,要求各级领导干部都要掌握。1943 年,他在给谢觉哉的信中写道:"善于总结经验,就是领导者的任务。"①1948 年,他在一个材料按语中指出:"领导者的责任,就是不但指出斗争的方向,规定斗争的任务,而且必须总结具体的经验,向群众迅速传播这些经验,使正确的获得推广,错误的不致重犯。"②总结经验,推广经验,无论什么方面的领导者都是需要的。1952 年,他在一次中央会议上,明确要求各级党委领导,"不但要交任务、交政策,而且要交经验"③。要求下级向上级交具体工作的经验,可以说是中国共产党的一种独特的领导方法。

在毛泽东看来,任何工作要做好,都必须总结经验。不但总结自己的经验,而且要总结别人的经验,

---

① 《毛泽东文集》第 2 卷,人民出版社 1993 年版,第 369 页。

② 《毛泽东文集》第 5 卷,人民出版社 1996 年版,第 80 页。

③ 《毛泽东年谱(1949—1976)》第 1 卷,中央文献出版社 2013 年版,第 589 页。

"把别人的经验变成自己的","本事就大了"。同时,还要"总结群众生产的工作的各种经验"①。从没有经验到有经验,从有较少的经验到有较多的经验,从未被认识的必然王国到逐步地克服盲目性、认识客观规律,从而获得自由,在认识上出现一个飞跃,达到自由王国。这就是毛泽东的领导方略形成并且发展的过程。

这一过程中的"盲目性"有时是不可避免的。中国共产党的厉害之处在于,无论遭遇怎样的挫折和历经怎样的曲折,最终都能从"盲目"中走出来,踏上光明之途。其中一个重要原因就是善于总结经验。1980年,邓小平会见一个外国代表团时说:"要充分研究如何搞社会主义建设的问题。现在我们正在总结建国三十年的经验。总起来说,第一,不要离开现实和超越阶段采取一些'左'的办法,这样是搞不成社会主义的。我们过去就是吃'左'的亏。第二,不管你搞什么,一定要有利于发展生产力。"②实际上,邓小平这几句话已经总结了经验,即建设社会主义要利于发展生产力,不超越阶段。如果说,毛泽东靠总结经验开创出了一条有中国特

---

① 《毛泽东年谱(1949—1976)》第1卷,中央文献出版社2013年版,第356页。

② 《邓小平思想年谱(1975—1997)》,人民出版社1993年版,第3页。

色的革命道路，那么邓小平则是靠总结经验开创出了一条有中国特色的社会主义道路，他自己也明确地说过："建设有中国特色的社会主义，这就是我们总结长期历史经验得出的基本结论。"① 善于总结经验是政治家获得成功的必须具备的政治智慧。

习近平强调，学习和总结历史，借鉴和运用历史经验，是中国共产党一贯重视并倡导的做好领导工作的一个重要思想和方法。在他看来，"历史记述了前人的成功和失败"，"我国古代史、近代史、现代史构成了中华民族的丰富历史画卷"。可以说，在中国的史书中，蕴含着十分丰富的治国理政的历史经验。其中包含着许多涉及对国家、社会、民族及个人的成与败、兴与衰、安与危、正与邪、荣与辱、义与利、廉与贪等等方面的经验与教训。正是从这些经验和教训中习近平得出结论："一个政党，一个政权，其前途命运最终取决于人心向背……如果脱离群众、失去人民拥护和支持，最终也会走向失败。"② 由此，就会明白为什么十八大以后他以"我将无我，不负人民"的政治勇气坚定不移地推进反腐败斗争。

处理中国与世界的关系，是最需要领导方略的。比

① 《邓小平文选》第3卷，人民出版社1993年版，第3页。

② 《习近平谈治国理政》第2卷，外文出版社2017年版，第295页。

如，邓小平讲的"冷静观察，稳住阵脚，沉着应付，韬光养晦，善于守拙，决不当头，抓住机遇，有所作为"①，这同样要总结历史上的相关经验。习近平指出，中国历史是世界历史的重要组成部分。中国自古以来就有同其他国家和民族进行学习交流的传统。汉代张骞出使西域，唐代玄奘西行取经，明代郑和七下西洋，体现了中华文明的开放包容。当今世界是一个开放的世界，中国同世界的联系更加紧密。正是从整个世界史的视野，他作出了"世界百年未有之大变局"的判断。其所隐含的意思是：世界已非百年之前的世界，中国也已非百年之前的中国。

习近平曾沉痛地说："我经常看中国近代的一些史料，一看到落后挨打的悲惨情景就痛彻肺腑！"②这实际上道出了近代中国与世界关系的实质。也就是说，鸦片战争以后，中国人之所以备受列强侵凌，最主要的不在于"战"或"和"、"硬"或"软"，而在于我们落后。落后就难免挨打。由此出发去看当今世界国与国之间的关系仍是非常适用的。那么，由此去看中国与一些国家

① 刘华秋：《指导新时期对外工作的强大思想武器》，《人民日报》2000年7月13日。

② 《习近平关于总体国家安全观论述摘编》，中央文献出版社2018年版，第54页。

的问题，就会明了问题的实质，就会明白为什么说发展是党执政兴国的第一要务。目前的中国，已经发展起来了，但发展得还很不够，处于发展中国家的地位并没有变。从世界各国的发展历史来看，小成则坠的多，大成则升的少。所以，彻底解决受制于人的问题，还要靠发展，而这需要一个历史过程。正如习近平所讲的："历史和现实都告诉我们，一场社会革命要取得最终胜利，往往需要一个漫长的历史过程。"① 认清了这一点，处理中国面临的外部问题，就会有战略定力和毅力。

需要指出的是，总结历史或工作经验，也需要经验，更需要理论的指导，不能够只罗列事情，而是要抓住重点，从实际出发，根据历史或事情发展的本来逻辑加以总结。同时，总结经验，也需要发扬民主，集中集体的智慧，没有民主，就不可能正确地总结经验；仅仅一个人总结的经验，很难说是真正的经验。

三、"向后看，就是向前进"

1964 年 7 月，毛泽东会见外宾时说："如果要看前

---

① 《习近平谈治国理政》第 3 卷，外文出版社 2020 年版，第 70 页。

途，一定要看历史"；"看历史，就会看到前途"。[①] 要能向前看得远，就要向后看得远。俄国思想家赫尔岑说过："深刻认识过去的意义，我们可以揭示未来的意义；向后看，就是向前进。"善于从历史的纵深处启示现在和未来，是中国共产党领袖人物领导方略的一个显著特点。习近平明确指出，重视对历史的学习和对历史经验的总结与运用，善于从不断认识和把握历史规律中找到前进的正确方向和正确道路，这是中国共产党之所以能够领导中国革命、建设、改革不断取得胜利的一个重要原因。

看什么历史呢？看历史上的得失成败。新儒家代表人物徐复观在抗战时期作为国民政府军令部驻延安的联络参谋，向毛泽东问过这样一个问题：如何来读历史？毛泽东回答："中国史应当特别留心兴亡之际，此时容易看出问题。太平时代反不容易看出。西洋史应特别留心法国大革命。"他本人从很早就非常注意中外历史上的兴亡之替。1916年，得知"附和帝制者"被惩办，他在致萧子升的信中颇为感慨地写道："居数千年治化之下，前代成败盛衰之迹岂少，应如何善择，自立

---

① 《毛泽东外交文选》，中央文献出版社、世界知识出版社1994年版，第534、537页。

自处？王莽、曹操、司马懿、拿破仑、梅特涅之徒，奈何皆不足为前车之鉴？史而有用，不至于是。故最愚者袁世凯，而八人者则其次也。"①意思是说，袁世凯等人如果了解数千年来"成败盛衰之迹"，吸取点历史教训，就不至于重蹈覆辙了，而袁世凯似乎对历史视而不见，逆历史潮流而动，可谓"最愚者"。1920 年，他又与蔡和森等人谈道："有袁世凯失败了，偏又有段祺瑞。章太炎在长沙演说，劝大家读历史，谓袁段等失败均系不读历史之故。"②显然，毛泽东很认同章太炎的这一看法。在他眼中，袁世凯等人都没有从历史上的成败看出自己的成败。按此，蒋介石等人也没有做到这一点。

　　1945 年，抗战胜利后，国民党面对那么大好的局面，正如蒋介石所讲的"一切有利条件都操之在我"，却在短短几年内一败涂地，可以说也是由于没有看历史造成的。远的不说，即便是近的，其与共产党打交道的历史都没有很好地去看。试想，中共几万人的时候，你都消灭不了它，当时中共已有几十万军队，加上民兵等有百万之多，还有一亿人左右的根据地。你怎么能够在

---

① 《毛泽东早期文稿》，湖南人民出版社 2003 年版，第 44 页。
② 《毛泽东书信选集》，中央文献出版社 2003 年版，第 5 页。

战略上设想 3 至 5 个月就"整个解决"呢？相反，中共对国民党看得很清楚。抗战刚刚胜利之时，在一次党政干部会上，针对大家非常关心的国民党将会怎样对待中共这个问题，毛泽东说："看它的过去，就可以知道它的现在；看它的过去和现在，就可以知道它的将来。"①所以，中共对国民党发动内战有充分的认识，并告诉全党，要有准备。有了准备，就能恰当地应付各种复杂的局面。"若干城市的暂时放弃，不但是不可避免的，而且是必要的。若干城市的暂时放弃，是为了取得最后胜利，否则就不能取得最后胜利。"②这是怎样清醒的领导方略！而在战略安排上也远远优于国民党：一不以保存地盘为目的，而以保存自己消灭敌人有生力量为目的；二争取 5 年内打败国民党。结果，这个战略目标反而提前实现了！1949 年，可以说是毛泽东创造的一个"兴亡"之际，他之所以表现得那么淡定，之所以写出"宜将剩勇追穷寇，不可沽名学霸王"那样的诗句，与他对历史由远及近的纵深了解是分不开的。

看历史，与研究历史是一样的，要带着问题去看。当革命实践遭遇挫折的时候，当现实工作遇到问题或难

---

① 《毛泽东选集》第 4 卷，人民出版社 1991 年版，第 1123—1124 页。

② 《毛泽东选集》第 4 卷，人民出版社 1991 年版，第 1187 页。

题的时候，就可以看看历史上有没有类似的情况，能不能从历史中得到启发。毛泽东一贯是这样做的。1927年，大革命失败后，毛泽东向谭震林等人讲道："李自成为什么失败了？很重要的一个原因，就是没有巩固的根据地。"因而，他没有去上海党中央工作，而是去了湖南，去了江西，建立了井冈山革命根据地。在那里，他告诉官兵："站在井冈山，不仅要看到江西、湖南，还要看到全中国、全世界。"井冈山背后是深厚的中国农民起义的历史。毛泽东正是通过看这样的历史来看未来的全中国、全世界的。据此，他多次讲过这样一个教训，"历史上存在过许多流寇主义的农民战争，都没有成功"①。所以，他一再强调根据地对党、对革命前途的重要性。中国革命从困境中走出来，从胜利走向胜利，特别表现为这样一种发展路径：由小的根据地到大的根据地，由一块或几块根据地到多块根据地，农村包围城市，日益接近全国性政权的取得。

看历史，毛泽东还特别注意历史上的战略失误。诸葛亮的《隆中对》，历来被认为展现了非常高明的战略构想。但毛泽东却不以为然，"弃荆州而就西蜀"，"其始误于隆中对，千里之遥而二分兵力。其终则关羽、刘

---

① 《毛泽东选集》第 2 卷，人民出版社 1991 年版，第 418 页。

备、诸葛三分兵力，安得不败"①。本来蜀国就兵力不强，还三分而战，怎能不败呢？毛泽东多次讲过，在战略上要藐视敌人，在战术上要重视敌人。这表现在他指挥的实际作战中，每一次战役或战斗都集中优势兵力，以数倍于敌人之兵力尽可能打有把握之仗，积小胜为大胜。可以说，这是当时条件下最高明的军事战略思维：不战则已，战则必胜。否则，宁可"逃之夭夭"，隐忍退到暗处。当然，这种领导方略也与他对历史上战略智慧的汲取有关。他在《中国革命战争的战略问题》中讲"战略退却"时，举了春秋时期的"曹刿论战"这个战例，接着说："中国战史中合此原则而取胜的实例是非常之多的。楚汉成皋之战、新汉昆阳之战、袁曹官渡之战、吴魏赤壁之战、吴蜀彝陵之战、秦晋淝水之战等等有名的大战，都是双方强弱不同，弱者先让一步，后发制人，因而战胜的。"②显然，毛泽东精心研究过这些大战的实例。以退为进，由弱转强，是一种永恒的领导方略，而中国共产党人把它演绎到了极致。

1939 年 1 月，毛泽东在给何干之的信中提到，"将来拟研究近代史"。事实上，该年底他便和几个同志合

---

① 《毛泽东读文史古籍批语集》，中央文献出版社 1993 年版，第 106 页。

② 《毛泽东选集》第 1 卷，人民出版社 1991 年版，第 204 页。

写的《中国革命和中国共产党》，已经对"近代史"做了研究，其中提出的中国近代史的"两个过程"和主要矛盾，至今仍是中国近代史教科书编写的骨架。在这一著作中，毛泽东根据中国近代历史的演进，明确提出中国革命的前途就是"完成中国资产阶级民主主义的革命（新民主主义革命），并准备在一切必要条件具备的时候把它转变到社会主义革命的阶段上去，这就是中国共产党光荣的伟大的全部革命任务"①。这亦可谓中共夺取全国性政权之前最成熟的战略构想和战略安排。其中，既有对马克思主义的创新运用，又有对中国革命经验的系统总结。据此，中共不但取得了新民主主义革命的胜利，而且取得了社会主义革命的胜利。领导方略与成功之间的关系十分密切。

看历史之成败，知前途之去向。悠悠历史长河，一种政治力量取得成功并不难，而保住成功则不易。中国历史上成败的瞬息转换莫过于李自成领导的农民起义。纵观毛泽东的一生，可以说有一个非常浓重的李自成"情结"。在他看来，李自成使天下人均田均富，代表农民利益向地主阶级造反，是值得称赞的"造反领袖"。也正因如此，李自成的起义军能够打进北京城，取得了

① 《毛泽东选集》第 2 卷，人民出版社 1991 年版，第 651 页。

"造反"的成功，全国性政权唾手可得，但是，进入北京后起义军的领导层腐化了，很快从高峰跌入深谷。这样一种历史使毛泽东清晰地看到对中共的警示：如果不防止骄傲和腐化也会重蹈覆辙！早在延安时期，他读了郭沫若写的《甲申三百年祭》，就十分警惕，特地把它指定为整风文件，还说："小胜即骄傲，大胜更骄傲，一次又一次吃亏，如何避免此种毛病，实在值得注意。"①

随着中共力量的壮大和对国民党作战的胜利，如何防止李自成之败，成为萦绕在毛泽东心头的重大问题。从西柏坡进京之前，他告诉大家："我们要进京了。我们进京可不是李自成进京，他们进京后就腐化了。我们共产党进京，是要继续革命，建设社会主义，一直到共产主义。"作为了解后来实际发生历史的今人，如果回溯到历史现场，站在此时看中国共产党的前途，看新中国的前途，会多么惊叹于看历史与看前途之间的逻辑！由此亦可知，作为历史长河中的弄潮儿，不仅要能由历史看出前途，而且要能由历史创造出有利于自己且通向成功的前途。

研究历史人物也要研究历史人物对历史的了解和研究。1949 年之后，毛泽东发动的政治运动，似乎都能

---

① 《毛泽东文集》第 3 卷，人民出版社 1996 年版，第 227 页。

看到避免李自成之败的用意。如果走进 1964 年至 1966 年这一时期毛泽东的内心世界，就会发现他的一个很大的忧虑，即是有些党员干部多吃多占，变得腐化了！甚至觉得整个党都不行了，所以他才大张旗鼓地鼓励群众重新起来"造反"。在一定程度上可以说，毛泽东所犯的错误也是由于过于警惕和防范李自成之败、对形势作出了不准确的估计造成的。这说明借鉴历史要与认识现实结合起来，对历史和现实都要有清醒准确的把握，否则就会走向另一种不好的前途，即事与愿违的前途。

在"进京赶考"的路上，毛泽东向大家说，《甲申三百年祭》，现在"仅仅是读了个开头，这篇文章是要永远读下去的"。确然，中国共产党的长期执政与不断地读这篇文章是有密切联系的。新中国成立初期，邓小平主政西南时就曾告诫领导干部，过好胜利关，不做李自成。"文革"结束后，他还直接关注姚雪垠对小说《李自成》的写作，以让人们更好地记住李自成。2011 年 9月，在中共中央党校秋季开学典礼上，习近平谈到，在抗日战争胜利在望的时候，毛泽东高度评价郭沫若撰写的《甲申三百年祭》，目的是"叫同志们引为鉴戒，不要重犯胜利时骄傲的错误"。在改革开放取得巨大成功的今天，这尤其值得警醒。2018 年 1 月，在新进中央委员会的委员、候补委员和省部级主要领导干部学习贯彻习近平新时代中国特色社会主义思想和党的十九大精神研讨班上，习近平还更具体地谈到李自成的起义军："席卷神州、所向披靡、攻占北京。然而，好景不长，起义军进城后骄傲自满，庞大人马在京城里沉迷享乐、军纪松弛。清兵入关后，起义军仓促应战，人心涣散、一击则溃，短短几个月就土崩瓦解。"① 由此出发，习近平总结封建王朝的兴衰更替史指出："有些封建王朝开始时顺乎潮流、民心归附，尚能励精图治、以图中兴，遂致功业大成、天下太平，但都未能摆脱盛极而衰的历史悲剧。导致悲剧的原因很多，其中一个共同的也是极其重要的原因就是统治集团贪图享乐、穷奢极欲，昏庸无道、荒淫无耻，吏治腐败、权以贿成，又自己解决不了自己的问题，搞得民不聊生、祸乱并生，终致改朝换代。"

从中可以明显地感受到全面从严治党永远在路上这样一种前途。即便是回看党的十八大以来的历史，也能看出这样一种百折不回的前途。作为共产党人，特别是领导干部，既要看历史，又要看领袖人物谈历史。这样，才能明了党的前途，从而把握自己的前途。然而，

① 习近平：《推进党的建设新的伟大工程要一以贯之》，《求是》2019年第19期。

党的十八大以来，一些领导干部身担要职和重任，不仅自己不看历史，而且不看最高领导人谈历史，也就难免自毁前途。近年来，常有些人担心会不会回归到"左"的道路上去，这同样是没有充分注意最高领导人谈党的历史：虽然强调改革开放前后两个时期不能相互否定，但一直坚持这样一个判断："'文化大革命'十年内乱导致我国经济濒临崩溃的边缘。"① 这实际上是一个重大的政治判断，郑重地向世人表明中国共产党人绝不会再走回头路。

知道了什么是错的，才能明白什么是对的。正如邓小平在改革开放启动时所提出的一系列论断："贫穷不是社会主义，发展太慢也不是社会主义"②，"平均主义不是社会主义，两极分化也不是社会主义"③，"没有民主就没有社会主义、没有法制也没有社会主义"④，等等。也正是鉴于党的历史上几次大的错误都是因"左"而生，"左"造成的危害极大，"左"的观念根深蒂固，

①　习近平：《在庆祝改革开放 40 周年大会上的讲话》，人民出版社 2018 年版，第 2 页。

②　《邓小平文选》第 3 卷，人民出版社 1993 年版，第 255 页。

③　《十四大以来重要文献选编》上，人民出版社 1996 年版，第 447 页。

④　《毛泽东邓小平江泽民论党的建设》，中央文献出版社、中共中央党校出版社 1998 年版，第 606 页。

邓小平告诫全党，警惕右，但主要是防止"左"。这仍是影响党的前途的一个大问题。在新的形势下，随着世情国情党情的变化，"左"也会有新的表现。历史上的"左"已是过往之事，未能充分认知的可能产生的"左"则需要高度警惕。

邓小平明确讲过，"总结历史是为了开辟未来"①。看什么样的历史，就会开辟什么样的未来。他不仅看中共自身的历史，而且看古今中外的历史："任何国家要发达起来，闭关自守都不可能。我们吃过这个苦头，我们的老祖宗吃过这个苦头。恐怕明朝明成祖时候，郑和下西洋还算是开放的。明成祖死后，明朝逐渐衰落。以后清朝康乾时代，不能说是开放。如果从明朝中叶算起，到鸦片战争，有三百多年的闭关自守，如果从康熙算起，也有近二百年。长期闭关自守，把中国搞得贫穷落后，愚昧无知。"②所以，他告诉全党，"历史经验教训说明，不开放不行"。改革开放的前途从历史深处决然开出。由此也就不难理解，为什么在经历政治风波以后，他对改革开放还那么坚定，并斩钉截铁地说，"基本路线一百年不动摇"。

---

① 《邓小平文选》第 3 卷，人民出版社 1993 年版，第 271 页。
② 《邓小平文选》第 3 卷，人民出版社 1993 年版，第 90 页。

　　中国共产党人不但善于由历史看前途，而且善于由自身的历史导出前途。百年大党之所以能够不断取得成功，在很大程度上源于两个历史文件。一是 1945 年六届七中全会通过的《关于若干历史问题的决议》，二是 1981 年十一届六中全会通过的《关于建国以来党的若干历史问题的决议》。第一个历史决议开出了新中国新社会的前途，第二个历史决议开出了改革开放和社会主义现代化的前途。2021 年，党的十九届六中全会通过了第三个历史决议，即《中共中央关于党的百年奋斗重大成就和历史经验的决议》，在"党领导人民成功走出中国式现代化道路"的基础上，则要开出建成社会主义现代化强国和实现中华民族伟大复兴的前途。

　　领导方略具有目的性、全局性、重点性和长远性。"不谋全局者，不足谋一域"；"不谋长远者，不足谋一时"。既谋"全局"，又谋"长远"，才能称得上领导方略。在毛泽东看来，"没有全局在胸，是不会真的投下一着好棋子的"[①]；同时，对未来又要有强烈的愿望，甚至"迷信将来"，"不迷信将来还得了呀！人类就是希望有个将来"[②]。这实际上讲的是对前途的一种信心，一种

　　① 《毛泽东选集》第 1 卷，人民出版社 1991 年版，第 221 页。
　　② 《毛泽东年谱（1949—1976）》第 3 卷，中央文献出版社 2013 年版，第 290 页。

充满辩证思维的领导方略:"大,不可怕。大的要被小的推翻。小的要变大。"[①] 着眼于全球,着眼于未来,着眼于由小到大,着眼于由弱到强,这是中国共产党一百多年来一直存在的战略思维。早在 1917 年,毛泽东就豪迈地表达了这样的愿景:"开放胸怀融东西文明之精粹";"树强国之楷模,布真理于天下";"兴神州万代之盛世,开全球永久之太平!"[②] 今天的中国共产党人,今天的中国人,从某个角度看,既走出了毛泽东,又未走出毛泽东,可以说仍在毛泽东战略思维的影响之中。

---

① 《毛泽东文集》第 7 卷,人民出版社 1999 年版,第 71 页。
② 毛泽东:《心之力》,1917 年。

第三章　毛泽东如何出主意

作为领导者，首要的责任是"出主意"。毛泽东是公认的"出主意"高手，早在江西苏区时期，红军里就广为流传："毛委员有主意。"在某种程度上，正是由于他在长期的革命斗争中善于"出主意"，才使他在众多的革命家中脱颖而出，成为中国共产党的杰出领袖。有主意，能成为领导，而作为领导，更要有主意。

一、怎样才能有"主意"

"一切计划、决议、命令、指示等等，都属于出主意一类。"① 俗话讲，思路决定出路。所谓"思路"，也在"出主意"之列。怎样才会有"主意"呢？它不是天生的，也不是天上掉下来的。它是需要长期学习和训练

---

① 《毛泽东选集》第 2 卷，人民出版社 1991 年版，第 527 页。

才会有的。

1. 读书治学

毛泽东讲，有些高级干部，在马克思列宁主义的基本理论问题上有不同的语言，原因是学习还不够。所以，他提倡领导者要"很好地学习和研究"。这不就是"读书治学"吗？古人云：书中自有黄金屋，书中自有颜如玉。除去庸俗的意味，实际上讲的是读书的重要价值和功用。重读书，是中国文化的传统，可套用一下说：书中自有好主意。毛泽东为中国革命出的许多好主意在某种程度上都与他博览群书有关系。据他身边工作人员回忆，毛泽东奔上井冈山时，戎马倥偬，口袋里仍然装了两本书，其中一本就是《水浒》。在相当程度上，正是充分了解了中国古代的农民战争，他才产生了"工农武装割据"这个主意。再如，他写《新民主主义论》期间，"用最高的热情，来阅读和深思熟虑他所得到的斯大林的各种著作"。正是把经典学说运用于中国实际，他才提出了在中国进行新民主主义革命这个大主意。所以，当领导者在工作中没有思路的时候，不妨静下心来读点书，可能灵感就来了。

然而，作为领导者，平日的工作往往"白加黑""五加二"，加班加点，哪有时间读书呀！在毛泽东看来，有一个法子可以解决。就是"挤"和"钻"，好比木匠师傅钉一个钉子到木头上，硬"挤"进去，木头就让步了。其实，这是一个态度和认识问题：是否把读书放在一个重要位置上。毛泽东曾风趣地说，读书要"下苦功"，三个字，一个叫"下"，一个叫"苦"，一个叫"功"。"许多同志不下苦功，有些同志把工作以外的剩余精力主要放在打纸牌、打麻将、跳舞这些方面，我看不好。"①他忠告中共中央党校的学员："一面做工作，晚上看两页书，是可以的，也是必要的。"读书贵在坚持，哪怕每天读上一点点。民国时期文化界的风云人物胡适在给北大学生毕业赠言时指出，学校毕业后，如果每天坚持读一页书，十年下来就可以使学问大长，甚至成为某个领域的专家。毛泽东终生与书为伴，曾说："饭可以一日不吃，觉可以一日不睡，书不可以一日不读"。他经常读书读到忘我的境界，即使在新中国成立之后。有一次他外出开会，飞机已在机场降落停住，当地的领导来迎接，可是等了很长时间还没见他下来。原来他在飞机上读书入了迷，根本没发觉飞机已着陆。杨振宁说，毛泽东不单是一个领导者，还是一个高级学者。这与他酷爱读书是分不开的。以书

---

① 《中共中央文件选集》第 26 册，人民出版社 2013 年版，第257 页。

求学，以学养智，正是毛泽东成功的要诀。

问题是，领导者应该读什么书呢？古人云：开卷有益。时至今日，已未必如此。书籍不可再以浩如烟海而论，亦非汗牛充栋所能形容，特别是还有互联网上那么多而杂的电子信息，开卷，开机，未必有益。现在的人们，一有时间，就盯着手机看个不停，究竟从中获得多少有益的信息呢？习近平指出的领导干部要爱读书，读好书，善读书，是非常有针对性的。一个明显的意思是：读书必须慎重，要有选择，有计划。到底读什么呢？一是读古今中外公认的经典。无论干什么工作，都需要智慧。读经典可以说是获得智慧的一个最重要的渠道。二是读与工作有关的书，能够马上派上用场。这两方面的读书长此以往，就可以增长学问。如果读书不与治学联系在一起，充其量不过是消遣。据资料记载，有一个与马克思同时代的人，也是饱读诗书，甚至比马克思读的书还多，但是终生一事无成。因而，读书不是掌握知识或信息，而是增长学问。"有了学问，好比站在山上，可以看到很远很多东西。没有学问，如在暗沟里走路，摸索不着，那会苦煞人。"① 不过，学问有各种各

---

① 《毛泽东年谱（1893—1949）》中卷，中央文献出版社 2013 年版，第 109 页。

样的学问，仅仅读书也是不行的。"百无一用是书生"，此言亦不虚。

2. 世事磨炼

"主意"还来自实践。"实践出真知"，实践是认识的源泉和动力。荀子说："不登高山，不知天之高也；不临深溪，不知地之厚也。"毛泽东青年时期就有意识地去进行社会实践活动。1917年，他和一个同学"身无分文"，竟在湖南乡下游学一个多月。所谓"游学"，实际上近似沿村乞讨，主要靠帮人写点东西、出点主意之类解决生活问题，但是，这样可以非常深入地了解下层社会。后来，傅斯年在延安与毛泽东会谈时，非常惊奇地发现他对乡俗俚语了如指掌。他组织过很多人去法国勤工俭学，而自己却留在国内深入研究中国的实际，显然他把对中国社会的了解及参加社会实践看得比"洋学问"更为重要。1927年，为认识农村的阶级斗争，他"在湖南住了三十多天"，最后写出了著名的《湖南农民运动考察报告》。为什么毛泽东能出农村包围城市这个"主意"，而别人却不能呢？显然与他有意到农村去不断磨炼自己有关。

1938年3月，他告诉抗日军政大学的毕业生："社会上的一切也是书"，要善于读"无字之书"。也就是，向社会学习，向实践学习。《红楼梦》里有两句诗：处处留心皆学问，人情练达即文章。社会，可以说是一门更大的学问。1938年8月，毛泽东在中央党校曾形象地对学员讲："党校是学校，大党校者地球也，那里面的东西多得很，学之不尽，取之不竭。学校学习是第一章，出去以后是大规模的学习，要不断地学下去，活到老，学到老。""学校以外是一个大学校，那里的东西多得很，学之不尽，取之不竭。孙中山关于民族民主革命的一套，不是从学校里来的，而是在大学校里学的。马克思的马克思主义，也不是从学校里来的，而是在大学校里学的。列宁也是在学校外面创造了列宁主义。学校学习是第一章，出去以后是大规模的学习，要不断地学下去，活到老，学到老。在党校学得了一个方法，出了学校还是学习，在实际斗争中，在工作中，尤其要老老实实当学生。"意即强调"眼学"的作用，实践、实地考察的作用，"耳闻之不如目见之，目见之不如足践之"；不仅读万卷书，还要行万里路。在他看来，凡人都只能根据自己的经验作为说话、做事、打主意的出发点，未见未闻的，连梦也不会做。梨子什么味道，只有亲口尝一尝才知道。

延安时期，有一个外国记者追着毛泽东问：主席，您打仗真是用兵如神啊！那么，您什么时候，从哪里学的军事呢？毛泽东笑了一下说：我哪里学过什么军事，原来我是想当一个小学教员！没学过军事，怎么会打仗呢？"从战争学习战争——这是我们的主要方法。"① 也就是说，边打边学习，拿破仑有句名言叫作"打起来再看"，与毛泽东说的如出一辙！作为领导者，常常不是先学好了再干，而是干起来再学习。干就是学习，工作本身就是学习。干工作是"主意"产生的源泉。即是说，领导者要在领导工作中学习领导方法。

为此，毛泽东还特地批评过两种人。他说，只有蠢人，才冥思苦想地"打主意"。须知这是一定不能打出什么好主意的。换一句话说，一定要产生错主意。遇到了困难，遇到了棘手的问题，关起门来想它三天三夜，能解决吗？一般是不能的。那应该怎么办呢？"迈开你的两脚，到你的工作范围的各部分各地方去走走，任凭什么才力小也能解决问题"② 。毛泽东讲过他自己的一个经验，那是反国民党军对中央苏区的第二次"围剿"的时候，"兵少觉得很不好办，每天忧愁"③ 。后来，"跟彭德怀两个人到白云山上跑了一天，察看地形，看了很

① 《毛泽东选集》第 1 卷，人民出版社 1991 年版，第 181 页。
② 《毛泽东选集》第 1 卷，人民出版社 1991 年版，第 110 页。
③ 《毛泽东文集》第 8 卷，人民出版社 1999 年版，第 261 页。

多地方"①。结果，回来知道怎么打了！他深有体会地指出，实际政策的决定，一定要根据具体情况，坐在房子里面想象的东西和看到的粗枝大叶的书面报告上写着的东西，决不是具体的情况。倘若根据"想当然"或不合实际的报告来决定政策，那是危险的。他还批评道：一些"做领导工作的人，遇到困难问题，只是叹气，不能解决。他恼火，请求调动工作，理由是'才力小，干不下'。这是懦夫讲的话"②。岂不知，这是锻炼一个人的大好机会到来了。习近平也讲过，越是条件艰苦，困难大、矛盾多的地方，越能锤炼人。③试想，在这样的地方如能干出一番成绩来，那不更容易脱颖而出吗？当遇到上级交付的任务难办的时候，当被调到一个弱势部门或者落后的地方去做领导工作的时候，不应该有任何埋怨，这恰恰是一个好机会，能够战胜困难，能够变劣势为优势，能够变落后为先进！做一般人不愿做的事、做不到的事，自然就容易引起上级领导和群众的注意，各种机会也就多起来。有抱负的人往往主动请缨到艰难困苦的地方去干事创业。"主意"往往是外在困难刺激出

---

① 《毛泽东文集》第 8 卷，人民出版社 1999 年版，第 261 页。

② 《毛泽东选集》第 1 卷，人民出版社 1991 年版，第 110 页。

③ 《习近平谈治国理政》第 1 卷，外文出版社 2018 年版，第417 页。

来的。所谓生于忧患，死于安乐，也是这个道理。

到实践中去磨炼，或者为解决问题而去工作中找答案，特别要注意两个方面：一、事前进行调查研究；二、事后善于总结。毛泽东的一生，可以说是重视调查研究的一生。他向人介绍："我的经验历来如此，凡是忧愁没有办法的时候，就去调查研究，一经调查研究，办法就出来了。"① 一般来说，领导者总是首先从认识环境、掌握情况开始进行领导活动的。另一方面，领导者历经世事磨炼后，还要善于反思与总结。毛泽东说："人民解放军打仗，在每个战役后，总来一次总结经验，发扬优点，克服缺点，然后轻装上阵，乘胜前进，从胜利走向胜利，终于建立了中华人民共和国。"这的确是他的经验之谈。他许多高明的决策，就是这样来的。善于总结实践过程中的得与失、优点与缺点，是下次"出主意"的重要基础。

读书，至少可以获得知识；做事，自然可以积累经验。习近平指出："知识和经验犹如雄鹰之双翼，只有经风雨、见世面，才能飞得更高、飞得更远。"② 作为领导者，一边做事，一边读书，才能行稳致远。长此以

① 《毛泽东文集》第8卷，人民出版社1999年版，第261页。
② 《习近平谈治国理政》第1卷，外文出版社2018年版，第417页。

往，读书就可以读出大学问，做事就可以做出大功业。

二、出什么样的主意

作为领导者，当然要出好主意。那么，什么样的主意是"好主意"呢？要具体情况具体分析。从毛泽东的实践和论述来看，大致要有以下几个鲜明的特点。

1. 高瞻远瞩

全民族抗战时期，美军观察组成员谢伟思在延安考察，多次向各方面的人询问这样一个问题：毛泽东为什么能够战胜他的许多对手，成为众所公认的领袖？结果，他得到的答案几乎是一致的：毛泽东"高瞻远瞩"。就是站得高、看得远，能够把握事物发展的方向。正像海伦·斯诺讲的："他顺应历史，又走在历史的前头。"毛泽东本人也说过，马克思主义者不是算命先生，不能机械地算出时间表，但必须看清前途和方向。"凡事预则立，不预则废。"作为领导，必须有预见，如果没有预见，就不叫领导！"坐在指挥台上，如果什么也看不见，就不能叫领导。坐在指挥台上，只看见地平线上已经出现的大量的普遍的东西，那是平平常常的，也不能算领导。只有当着还没有出现大量的明显的东西的时候，当桅杆顶刚刚露出的时候，就能看出这是要发展成为大量的普遍的东西，并能掌握住它，这才叫领导。"① 正像古代一首诗说的那样："小荷才露尖尖角，早有蜻蜓立上头。"当领导者就要有这个本事。

毛泽东这方面的例子很多。奔上井冈山时，他向战士们说，"我们这个小石头"终归有一天会打烂"国民党那个大水缸"的。针对林彪提出的"红旗到底打得多久"，毛泽东明确指出"星星之火，可以燎原"，可谓是典型的"预见"。1938 年 8 月，日军逼近武汉时，毛泽东说："日本帝国主义已离武汉不远，如果武汉一失，日本帝国主义的胃口不吃则已，一吃便想再吃，他还要西安、广州、南昌，中国只剩下峨眉山。"② 后来的情况基本上恰如毛泽东所料。1947 年 3 月，国民党军重点进攻陕北，攻城略地，逼近延安。为保存有生力量，中共中央决定暂时撤离延安。一位美联社记者罗德里忍不住问毛泽东：目前，中国共产主义的前途看来的确黑暗，将来到底会怎样呢？毛泽东沉思了一会儿，笑着说："两年后，我邀请你去北京做客。"果如所言，恰

① 《毛泽东文集》第 3 卷，人民出版社 1996 年版，第 394—395 页。

② 毛泽东：《当学生，当先生，当战争领导者》，《党的文献》2013 年第 6 期。

恰是两年后的那个时候即 1949 年 3 月，毛泽东率中共中央机关胜利进入北京城。这真可以称得上神机妙算！

王震曾说，毛泽东比一般领导干部早看 50 年。其实，何止 50 年？ 1962 年时，他就指出："建设起强大的社会主义经济，在中国，五十年不行，会要一百年，或者更多的时间。"① 有关"一百年"的说法，今天的共产党人和中国人耳熟能详，比如"基本路线一百年不动摇""两个一百年的目标"，再看《中国可持续发展总纲》设想的：到 2050 年，即"新中国成立 100 周年的时候"，全面达到世界中等发达国家水平，进入到世界总体可持续发展能力前十名的国家行列。这样一些说法，表明现在人们所做的，对未来的设想，仍在毛泽东的"预见"之中。

综合考察毛泽东的"预见"，有的可以说已经提前实现了。1958 年时他说："一万年后，人多，汽车多，上街也要排队，飞机多了，空中交通不管也不行。"这似乎早就实现了，并且有过之而无不及，在一些特大城市"人多""汽车多"，可能远甚于毛泽东所想。前几年，中国设立"防空识别区"，似也恰说明他的远见。有的

---

① 《毛泽东文集》第 8 卷，人民出版社 1999 年版，第 301—302 页。

"预见"可以说正在实现。1956 年时毛泽东有一次讲道："将来世界不打仗，和平了，会把天津、保定、北京连起来。"① 看到这个"预言"，任何人都会联想到今天的雄安新区！这又是多么神奇的事！不过，有的"预见"可能永远也无法实现了。毛泽东在谈到土地增产问题的时候，明确提出中国"不走化肥的道路"，而是要"大养肥猪"，"养猪就有肥料，肥料多就能增产粮食"，"肉食就吃不完"，将来要"搞得中国除了人之外就是一个猪国"。毛泽东讲话一贯风趣幽默，实际上他的意思可以理解为中国要走绿色发展的道路。然而，中国后来却似乎同样走上了"化肥的道路"。绿色发展是当今五大发展理念之一。蓦然回首，令人无限感慨！

　　预见的一个重要表现是"识别风向"。毛泽东提醒"领导干部要特别注意"识别"起于青萍之末"的小风。"大风好辨别，小风就难辨别，领导干部要特别注意这种小风"②。意思是，树叶一动，就知道风往哪个方向吹！有句现代诗"我不知道风是在哪一个方向吹"，那是文人墨客的悠悠之情。作为领导者，应该有识别风向的能

---

　　① 《毛泽东年谱（1949—1976）》第 2 卷，中央文献出版社 2013 年版，第 535 页。

　　② 《毛泽东年谱（1949—1976）》第 3 卷，中央文献出版社 2013 年版，第 358 页。

力。"要提高这种识别力，这一点有极端的重要性。一个人尽管有才有学，如果不善于识别风向那还是很迟钝的。"①

作为领导干部，一方面，要善于识别中央的政策指向，使之准确地落到实处。"形势不对了，就要有点嗅觉，嗅政治形势，嗅经济空气，嗅思想动态。"②十八大以后，"中央八项规定"一出来，实际上就是一种"风向"。有的领导意识到了，很快改变了作风；有的没有意识到，嗅觉不灵敏，仍"不收手、不收敛"，可谓是"顶风违纪"，结果出了大问题。识别风向何等重要！它至少可以使领导者不犯错误，更重要的是可以占尽先机。改革开放已经 40 多年了，在这一过程中，凡是发达起来的，无论是地区，还是行业，抑或个人，都可以说是善于识别风向的。另一方面，领导干部又要善于识别社会的风向，争取把问题解决在萌芽状态。当问题一有苗头，就能发现它、掌握它，特别是安全情况、群体动向、市场变化等。未雨绸缪，才能运筹帷幄。对此，习近平讲，"见微知著，'为之于未有，治之于未乱'，

---

① 《毛泽东年谱（1949—1976）》第 3 卷，中央文献出版社2013 年版，第 356 页。

② 《毛泽东年谱（1949—1976）》第 4 卷，中央文献出版社2013 年版，第 9 页。

防患于未然，化解于无形"，"这是领导艺术的最高境界"。①

　　毛泽东不但善于识别方向，而且还善于"放风"。1970年10月1日，他邀请埃德加·斯诺一同登上天安门城楼，实际上这是希望中美和好的一个特别信号。但是，美国人太"迟钝"了，根本没有注意到这一点，似乎毫无反应。不过，国内有人看到了，特别是乒乓球冠军庄则栋敏锐地嗅到了一种新鲜的空气，所以在日本比赛期间，他令人震惊地主动向美国乒乓球代表团表示友好。毛泽东看后说，庄则栋这个人有点政治头脑。若干年后，美国人对中国的政治先声似乎有点感觉了，尤其是比较准确地解读了中国对越自卫反击战的政治意蕴。然而，时至今日，一些外国人似乎又有点过于敏感了。比如，中共中央党校的教授若讲点什么，往往被认为是中共中央在"放风"，其实却只是一些教授的个人看法。隔靴搔痒，的确很难搔到痒处！

　　尽管外国人不善于识别中国的风向，毛泽东却能识别外国的风向。1974年，他与一位访华的非洲国家元首会见时，谈到下届法国总统的人选时说："我知道下届法国总统是谁，是吉斯卡尔·德斯坦先生。"那位非洲元首很吃惊。不久，那位非洲元首访问法国，把这个

---

① 习近平：《之江新语》，浙江人民出版社2007年版，第27页。

推测告诉了德斯坦，德斯坦大为感动。后来他说："我也很惊讶，他竟然知道我，而我当时很年轻，名气又不大。"过了一阵子，果然是德斯坦当选为法国总统。可知，毛泽东对外国的预见也是准确的。见事早，得计早。能够有预见，是出"好主意"的一个前提。没有预见就没有一切。

2. 敢于出奇

俗话讲，出奇才能制胜。对于毛泽东来说，年轻时就以出奇为志。他说，丈夫要为天下奇，读奇书，交奇友，做奇事，做个奇男子。因而，朋友们送他个外号："毛奇"。他一生中出了许多"奇主意"，创造了许多奇迹。其中，土地革命战争时期最大的一个就是：四渡赤水。当时，敌我力量悬殊，中央红军处于十分不利的局面。但是，毛泽东率领红军在赤水河两岸来回奔走了四次，可谓军事史上的奇迹。按今天的说法，就是不按常规出牌，把对手给搞蒙了。当时的蒋介石日记记载："注意：匪又西窜羊场，其图北窜乎？抑南窜乎？"① 根本弄不清其去向，这仗怎么打呢！在蒋介石

---

① 蒋介石日记，1935 年 4 月 6 日。本书有关蒋介石日记的引用皆出自斯坦福大学胡佛研究院档案馆所藏。

看来，红军神出鬼没，"乘虚抵隙与风忽于无人之境，无路之地"①。这也反证了毛泽东的作战策略，打得赢就打，打不赢就跑，一直跑到敌人不知到哪里去了。1960 年，英国元帅蒙哥马利对毛泽东讲："您指挥的辽沈、平津、淮海三大战役，可以与世界上任何伟大的战役相媲美。"毛泽东却说："三大战役没有什么，四渡赤水才是我的得意之笔啊。"

皖南事变之前，面对国民党的反共高潮，毛泽东曾拟订过一个先发制人的计划，即选取 15 万精兵率先打到国民党后方去。如果这个计划得以实行，有可能避免皖南事变的发生。但是，由于此举"关系将来前途甚大"，加上共产国际担心国共合作破裂，不同意这样做，最终没有付诸实施。这可以说是一个未付诸实施的"奇主意"。1947 年 6 月，在中共与国民党作战整体上还处于劣势的时候，毛泽东就发动了战略进攻，那就是刘邓大军挺进中原。后来，胡乔木说，当时"蒋介石两个拳头（指陕北和山东）这么一伸，他的胸膛（指中原）就露出来了。所以，我们的战略就是要把这两个拳头紧紧拖住，对准他的胸膛插上一刀！"② 这可谓是奇中之奇。

---

① 蒋介石日记，1935 年 5 月 31 日。
② 《胡乔木回忆毛泽东》，人民出版社 2014 年版，第 483 页。

《孙子兵法》中说:"凡战者,以正合,以奇胜。"1948年春,中共中央进驻西柏坡。国民党傅作义部探知消息以后,当年10月出动近10万大军,包括骑兵,准备突袭中共首脑机关,执行"斩首行动"。当时中共的作战部队主要部署在远离西柏坡的地方,中共中央周围卫戍部队仅一万多人,形势十分危急。10月26日,毛泽东处理完一天的公务,自言自语道:"今晚要给傅作义一点厉害看看。"身边的人面面相觑:自己"身处险境,还要给别人厉害看"?只见毛泽东拿起笔,洋洋洒洒很快写了一篇评论:《动员一切力量歼灭可能向石家庄进扰之敌》。这个评论把通过特殊情报渠道得来的傅作义进犯石家庄的种种计划,包括各部队番号、指挥将领、行军路线等等,统统公布了出来,号召解放军和民兵在3天内做好歼灭敌人的准备。这篇文章写好后,马上以新华社记者名义由新华广播电台不停地广播。不久,傅作义收到了广播的内容,不禁想及,他们的计划,中共方面什么都知道了,还做了充分准备,似乎暗中设下了埋伏,因而生怕遭到全歼。毕竟作为地方实力派的他,以保存实力为第一,在国民党中央的三令五申下,做做样子也能说得过去。于是偷偷将刚开出来的部队又撤回了北平。于是,便成就了毛泽东导演的一出绝佳的现代"空城计"。此后,中共中央一直驻在西柏坡，直到动身"进京赶考"。1948 年，毛泽东电令林彪占领锦州，在东北造成关门打狗之势，亦可谓一奇招。出奇，就是想别人所未想，做别人所不敢做；超越常规，在危机中育新机，于变局中开新局，于劣势中取胜，于艰难困苦之中开出一片新天地。

3. 留有余地

出主意，要留有余地，多想几种可能。俗话说，要有后手。毛泽东讲："即使能做得到，讲也要谨慎些，给群众留点余地，给下级留点余地，也就是替自己留点余地。总而言之，支票开得太多，后头难于兑现。"①留有余地，应该说是出主意做决策的一个重要原则。毛泽东不止一次地讲到这个问题。在党的八届七中全会上，他再次提醒领导干部：安排工作计划时留有余地，给下面点积极性。不给下面留有余地，就是不给自己留有余地。留余地上下都有好处。"过去集中兵力打击敌人，还要有个预备队，必要时把预备队拉出去。现在搞生产也得记住这一点。"意思是，制订工作计划，提出工作目标，不要满打满算，特别是定指标的时候，

---

① 《毛泽东年谱（1949—1976）》第 3 卷，中央文献出版社 2013 年版，第 325 页。

不要定得过死。"余地要大，不要太小。"① 让实际工作去超过，给群众超过指标的余地，让群众超过反而会鼓舞群众的干劲。"如果生产计划、经济计划，全是硬指标，不留一点余地，很容易造成虚假现象。"然而，现实工作中，"虚假现象"仍然屡见不鲜。比如，一个公司的盈利每年只能增长，不能下降。应该说，这不符合辩证法，不符合事物发展的规律。2020 年政府工作报告提出不设经济增速具体指标，可谓是留有余地的典型体现。留有余地是政治问题，也是工作方法问题。好主意，都有可以变通的空间，从而能让领导机关和领导者进退自如，可伸可缩，张弛有度，但不是投机取巧，过犹不及。

4. 设想最坏

领导者出主意时，不能只考虑有利的、好的方面，还要考虑到不利的、坏的方面。诸葛亮说过："欲思其利，必虑其害；欲思其成，必虑其败。"毛泽东出主意，就是一方面争取最优，一方面又总是设想最坏。中共七大以"胜利的大会"载入史册。当时，形势一片大好，前景一片光

---

① 《毛泽东年谱（1949—1976）》第 5 卷，中央文献出版社 2013 年版，第 501 页。

明。然而，毛泽东却出人意料地大讲"准备吃亏""准备困难"。什么困难呢？他一口气讲了17条：第一条，要准备挨外国人的骂。第二条，国内大骂。第三条，准备被他们占去几大块根据地。第四条，准备被他们消灭若干万军队。第五条，伪军欢迎蒋介石。第六条，爆发内战。第七条，外国干涉，帮助蒋介石打我们。第八条，外国不承认我们。第九条，形势不利于我们时跑掉、散掉若干万党员。第十条，党内出现悲观心理、疲劳情绪。第十一条，天灾流行，赤地千里。第十二条，经济上没有搞好，发生经济困难。第十三条，日本军队集中到华北，挤压我们。第十四条，国民党暗杀我们的负责同志。第十五条，党的领导机关发生分歧。第十六条，国际无产阶级长期不援助我们。第十七条，其他意想不到的事。[①]

为什么要设想这么多困难呢？显然毛泽东也是有针对性的。他说："从前我们党内有个传统，就是讲不得困难，总说敌人是总崩溃，我们是伟大的胜利"[②]。"如果我们不准备不设想到这样的困难，那困难一来就不能对付，而有了这种准备就好办事。"[③]这17条困难，后来有的是果然遭遇了，有的是部分地出现了。如大多数伪

①　《毛泽东文集》第3卷，人民出版社1996年版，第387—392页。
②　《毛泽东文集》第3卷，人民出版社1996年版，第390页。
③　《毛泽东文集》第3卷，人民出版社1996年版，第388页。

军摇身一变，挂起了国民党的旗帜；一年后内战爆发；美国武装国民党军队帮助打内战；内战初期，有的根据地让国民党占去了；也有一些党员确实跑了，甚至跑到国民党那里去了；国民党特务多次实施暗杀计划；等等。但是，因为早有估计和设想，毛泽东和党中央始终处于主动地位，有条不紊地从容地应对了这一切。

作为领导者，凡事应该多想几种可能性，尤其是最坏的可能性。1947年，毛泽东命令刘邓大军千里跃进大别山，在电报中交底说：可能有三种前途，一是付出了代价站不住脚，准备回来；二是付出了代价站不稳脚，在周围坚持斗争；三是付出了代价站稳了脚。正是因为有了对困难的充分估计和准备，从而使刘邓处变不惊，每每采取主动的应对之策，最终争取到了最好的一种结果。抗美援朝，是毛泽东一生中最艰难的两个决策之一，是毛泽东出的先发制人的"主意"的典型代表。实际上，当时他也做了最坏的打算：我们打输了，就让美国欠了债，我们准备好了时，就可以随时打过鸭绿江。现在美国发动了战争，他输了理。中国应该有所表示。彭德怀比较理解他的这一想法，说打烂了，就等于解放战争再晚几年胜利！

1957年1月，毛泽东在省市自治区党委书记会议上谈到社会主义社会里少数人闹事的问题时说："事情的发展，无非是好坏两种可能。无论对国际问题，对国内问题，都要估计到两种可能。你说今年会太平，也许会太平。但是，你把工作放在这种估计的基础上就不好，要放在最坏的基础上来设想。""现在我们得了天下，还是要从最坏的可能来设想。"①准备最坏的，更有利于争取最好的，这是人的心理活动的一种规律。心中有底，遇变不惊，就是今天讲的底线思维。对这一方法，习近平有进一步的发展。2019 年 1 月，习近平在省部级主要领导干部坚持底线思维着力防范化解重大风险专题研讨班开班式上明确提出，要防范化解政治、意识形态、经济、科技、社会、外部环境、党的建设等七大领域的重大风险。十九届四中全会通过的《中共中央关于坚持和完善中国特色社会主义制度、推进国家治理体系和治理能力现代化若干重大问题的决定》中，有 10 处提到"风险"，有 8 处提到预防、预测、预警。把防范风险纳入制度建设，可以说是中国共产党人底线思维日常化的一个重大进展。理论方法、历史经验和制度建构，将不断地提升中共应对困难和风险的能力。无论怎样的困局、危局，只要想到了，就不怕。

---

① 《马列著作毛泽东著作选读》（哲学部分），人民出版社 1978年版，第 457、458 页。

　　不论是个人，还是一个政党，抑或一个部门、单位、公司、团体等，都会时刻面临着"出主意"的问题。主意有大有小，作为领导者，既要善于出小主意，又要善于出大主意。毛泽东指出，要建筑中国革命这个房屋，须先有中国革命的图样。不但须有许多小图样、分图样，还须有一个大图样、总图样。按现在的话说，就是要有顶层设计。眼前的，长远的，局部的，整体的，都要想到。领导者要善于描绘未来的图样和愿景。一位西方学者说过：那些真正能够留名千古的宏伟基业都有一个共同点，即有令人振奋的愿景。愿景，是一个团队对自身长远发展和终极目标的规划和描述。缺乏愿景指引的团队，是很难成功的。毛泽东为中国革命出的最大的主意，绘制的大图样或总图样，提出的可望又可即的愿景，就是新民主主义理论。胡绳回忆，当时，对于抗战胜利后中国到底变成什么样子，实在不懂。但是，"毛泽东的新民主主义论一提出来，就使人们眼界豁然开朗，一下子清楚了，明确了"[1]。正是在这一理论的指导下，中国革命取得了完全胜利，建立了一个光辉灿烂的新中国。

---

　　[1] 《胡绳全书》第7卷，人民出版社2003年版，第104页。

三、好主意的几个范例

出主意的能力和水平，往往体现在特别情况下。在关键的时候、困难的时候、危急的时候，能不能出好主意，考验着领导者的智慧。无论面对怎样的问题，毛泽东总是能有好主意，并且大都能切实解决问题。

1.在上级命令不合实际甚至错误的情况下应该怎么办

作为领导者，应该追求对上负责和对下负责的一致性。但这种一致性是很难的。特别是常常会出现上级命令不合实际的情况。不妨看一下毛泽东是如何应对的。1930年6月，中共中央发出命令，让毛泽东、朱德领导的红四军攻打大城市南昌和九江，语气十分强硬，说："中央新的路线到达四军后"，应立即执行，"如果前委有谁不同意的，应即来中央解决"。① 命令到达后，大多数将领都认为应该执行，有的责问毛泽东："你又不打长沙，又不打南昌，你执不执行中央路线？"② 李文林、袁国平还提出："不打南昌、会

① 《毛泽东传》，中央文献出版社1996年版，第258页。
② 《江西党史资料》第6辑，中共党史出版社2015年版，第254页。

师武汉，就是违背中央精神，就会断送中国革命。"①
在上有命令、下有呼声的情况下，作为主要领导人的
毛泽东该怎么办呢？

首先，制定"推进计划表"，告知中央和全军。如
何"推"？又如何"进"？这里面就有可以创造性发挥的
空间了！有一次，毛泽东带兵"推"到了南昌城下，他
下令官兵隔江向城内放空枪，放了一阵后，见敌人毫无
动静，掉头就走。接着，毛泽东给中央写信报告："敌
人在南昌城不还一枪、不出一兵。我们此时找不到敌人
打。"② 有人可能想，这不是欺骗中央吗？实际上欺骗的
不是中央，而是敌人，放空枪吓唬敌人！显然，事前
毛泽东并没有想到敌人会按兵不动，本来是想把敌人引
出城来的。也就是说，毛泽东的报告乃是一种事实。不
过，你这一次找不到，下一次还找不到吗？并且中共中
央还派了代表去督促命令的执行，看你怎么办！

这样，毛泽东采取的第二个办法是与中央代表密切
沟通。有一次与一位中央代表谈了整整一夜，最终说服
了这位中央代表，从而又延缓了命令的执行。延缓执
行，并不是不执行，此后毛泽东积极地"扩红"，壮大

---

① 《江西党史资料》第 6 辑，中共党史出版社 2015 年版，第
261 页。

② 《毛泽东传》，中央文献出版社 1996 年版，第 262 页。

队伍，为进攻大城市做充分的准备。但是，你准备也得有个时候啊！无论你怎么做，当时的中央不仅不收回成命，而且仍然再三地催促执行原命令。在这样一种情况下该怎么办呢？有些书上说，江西时期，毛泽东一贯地违反中央的命令，实际上这种说法是不符合实际的。毛泽东作为中共组织系统中的一位领导者，他怎能总是违反上级的命令呢？况且，私下里毛泽东也与朱德交流过："我们长期在这山沟里面，对外面的世界并不十分了解，可能中央站得更高，看得更远呢！"你怎么就能够确定你的判断是绝对正确的！后来，朱德也曾向人说，当时，"除了毛泽东和我之外，很少人反对李立三路线。我们别无选择，只有接受"①。

实际上，毛泽东对党中央的权威一直是认可并尊重的。从他接受 20 多次处分，并没有像罗章龙那样闹分裂，也能看出这一点。所以，在种种"创造性执行"都不能为党中央所认同的情况下，毛泽东最终的选择是：坚决执行命令。1930 年八九月间，他和朱德率领红一方面军指战员对长沙，也是中央规定的一个大城市，"分三路"发动了猛烈的围攻。这一次动用了一切的人

①　[美]艾格妮丝·史沫特莱：《伟大的道路——朱德的生平和时代》，梅念译，生活·读书·新知三联书店 1979 年版，第 317 页。

力物力，想尽了一切的办法，并且一打就打了 16 天，但就是打不下来。这个时候，敌人的援军不断地向长沙赶来，对红军实行了反包围，形势可以说是万分危急。得知这样一种情况，毛泽东当即下令撤围长沙，同时给中央写信报告实际情况，说明长沙不能攻克在于"群众条件"和"技术条件"不具备。那么，在这一过程中，毛泽东到底是怎么来做的呢？可以说，通过坚持请示报告制度，与上级保持了密切的沟通与互动，从而既不折不扣地执行了命令，又避免了重大损失。试想，一位领导者在工作中机械地执行上级的命令，结果造成了重大损失或群体性事件，那么他怎么向上级来交代呢？这样一种做法，正是习近平所提倡的：主要负责同志要从实情出发，吃透上情、摸清下情、了解外情、把握内情，善于将上级精神、他山之石和本地的实际有机结合，善于抓住问题的本质和关键。2015 年修订的《中国共产党地方委员会工作条例》也规定，党的领导机构要"结合本地区实际创造性开展工作"。从中国共产党党性的角度来看，服从上级领导和实事求是，都是党性的典型体现。如何把握则是一种需要长期磨炼的领导艺术。

2. 在意识到下级正确的情况下怎么办

作为领导者，下命令，发指示，有可能会收到下级希望变通的反馈信息，而下级的意见又可能是正确的。那么，是顾及面子，固执己见呢？还是体察下情，择善而从呢？可以看一下毛泽东是如何处理这类问题的。

1937 年 10 月 9 日，毛泽东给朱德、彭德怀发去一封电报："在敌人后方地区及迫近敌人地区，必须执行没收大地主政策，因为大地主多属汉奸，不没收大地主不能迅速发动群众，不没收大地主八路军给养难于解决。请通令各部实行。"① 应该说，这个命令的意思很明确，态度也很坚决。收到电报后，朱德、彭德怀经过两天的研究，11 日复电："我们考虑结果，认为在上述地区，目前以没收当汉奸之地主为妥。"② 这显然与毛泽东那个命令有所不同了，并且"我们考虑结果"也充分说明了这种不同。毛泽东该如何进一步表示态度呢？ 15日，毛泽东复电："没收大地主，是指实行汉奸政策的主要阶级内容，大地主而未为汉奸者，当然不在没收之列。"③ 这真是表现了一种上级对下级的领导艺术。领导

---

① 《毛泽东年谱（1893—1949）》中卷，中央文献出版社 2013年版，第 30 页。

② 《毛泽东年谱（1893—1949）》中卷，中央文献出版社 2013年版，第 30 页。

③ 《毛泽东年谱（1893—1949）》中卷，中央文献出版社 2013年版，第 30 页。

者在认识到自己的主意不如下级贴近实际的时候，应该学会"顺水推舟，拾级而下"。就像毛泽东说的，"要善于倾听下面干部的意见"。所谓"善于"，即是要讲点艺术性或者进行幽默化处理。

不过，这是一个特例，更多的时候，毛泽东主张：领导者不懂得和不了解的东西要问下级，不要轻易表示赞成或反对。"有些文件起草出来压下暂时不发，就是因为其中还有些问题没有弄清楚，需要先征求下级的意见。"① 切不可强不知以为知，要"不耻下问"，先做学生，然后再做先生。先向下面干部请教，然后再下命令。领导者处理问题的时候，除情况紧急和事情已经弄清楚之外，都应该这样办。"这不会影响自己的威信，而只会增加自己的威信。我们做出的决定包括了下面干部提出的正确意见，他们当然拥护。"② 下面干部的话，有正确的，也有不正确的，听了以后要加以分析。"对正确的意见，必须听，并且照它做。"③ 否则，出了事，造成了损失，上级领导无论怎样都脱不了干系。

---

① 《毛泽东选集》第 4 卷，人民出版社 1991 年版，第 1441 页。
② 《毛泽东选集》第 4 卷，人民出版社 1991 年版，第 1441 页。
③ 《毛泽东选集》第 4 卷，人民出版社 1991 年版，第 1441 页。

3. 如何对待老领导打招呼

1943年下半年，中央政治局整风过程中，王明因拒不认错，并"向一些同志讲怪话，批评中央不对"，受到严厉的批评。其中，一个文件指出，"王明的投降主义，实质上是国民党在共产党内的代表"。有人甚至说，王明问题已经变成党外问题了。与王明关系密切的原共产国际执委会总书记季米特洛夫在得知这一情况后，心情焦虑地以个人名义给毛泽东发来一封电报，请他不要指控王明因执行了共产国际建议的统一战线政策而开展对他的斗争，建议把他留在党内，发挥他的长处为党工作。毛泽东看后，起初颇不以为然，挥笔复电说："在我看来，王明是不可靠的，并一直在从事各种反党活动。"[1] 他以前在上海被捕过，几个人都谈起，他在监狱中承认了自己的党员身份，后来才被释放的。

事后毛泽东反复考虑，又觉该电不妥。这时共产国际虽然已经解散，但影响犹在，尤其是中国党与苏联党的关系仍是一种特殊关系。况且，当初正是季米特洛夫任共产国际执委会总书记时确定了毛泽东在中国党的

---

[1]　转引自杨奎松：《毛泽东与莫斯科的恩恩怨怨》，江西人民出版社2008年版，第133页。

"为首"地位，可以说是一位毛泽东的"老领导"。权衡再三，一周后毛泽东又重新给季米特洛夫发了一份电报，说："我真诚地感谢您给与我的指示。我将深入地研究它、高度地重视它，并据此采取措施。"① 关于党内问题，"我们的方针旨在团结。这一方针也同样适用于王明"。随后，中共中央很快对王明在组织上作出了明确结论：其错误乃是"党内问题"。中国共产党内部向来存在着思想和人事问题，中共中央坚持的原则是：一切处置都要有利于党的团结、统一和强大，无论意见来自何处。

4. 如何应对竞争者的恃强挑衅和强势压境

全民族抗战时期，国共合作共同抗日，两军属于友军关系。但是，国民党不愿看到共产党力量的发展壮大，1939 年以后不断掀起反共高潮。对此，毛泽东有时退避三舍，以退为进；有时又针锋相对，提出："人不犯我，我不犯人，人若犯我，我必犯人。""他占我一个村子，我们占他两个。""他捉我两个，我们捉他四个。"他还形象地说："天下的鱼本来没有人敢捉的，有人去捉一两条试试看，因为鱼没有反抗，你捉我捉，大家都

---

① 《中共七大研究》，上海人民出版社 2006 年版，第 191 页。

捉起鱼来，因此天下之鱼可捉也。"进退，任何人都明白，而懂得什么时候退、什么时候进，就是艺术。当时，毛泽东所秉持的原则是：既维持国共合作的大局，又不让国民党一党独大的企图得逞。

1947年春，面对国民党对西北的强大攻势，毛泽东出的主意是：放弃延安。当时很多人都想不通，延安是中国共产党的首府啊！又号称革命圣地，延安都不要了，那党还有什么前途？毛泽东给大家讲了一个故事：有一个人，背个很重的包袱，包袱里尽是金银财宝，碰见个拦路打劫的强盗，要抢他的财宝。这个人该怎么办呢？如果他舍不得暂时扔下包袱，他的手脚很不方便，跟强盗对打起来，就会打不赢，要是被强盗打死，金银财宝也没了。反过来，如果他把包袱一扔，轻装上阵，那就动作灵活，能使出全身武艺跟强盗对拼，不但能把强盗打退，还可能把强盗打死，最后也就保住了金银财宝。蒋介石进攻边区，兵强马壮，还配有坦克、飞机，而人民解放军人少装备差，如果死守一城一地，那就是自背包袱。"要知道，蒋介石是一个小气鬼，一贯以占地盘为胜利，而且占领一个小小的村庄也是舍不得放的。我们暂时放弃延安，就是把包袱让敌人背上，使自己打起仗来更主动更灵活，而敌人背的包袱背得越多越走不动，到那时，我们就能大量地消灭敌人；

况且，从全国战局的进展和敌我军事力量对比来看，暂时放弃延安无损于解放战争的整个大局。现在敌人拼命要我们的延安，我们奉送几眼窑洞，是暂时的。"①然后，他满怀信心地说："我们一定能打败蒋介石、胡宗南的进攻，这是毫无疑问的，必须坚定信心，问题是怎么个打法。"只要能够大量消灭敌人的有生力量，放弃延安，就意味着将来"解放西安，解放南京，解放全中国，拿延安换取全中国，大家不同意吗"？能失者，方能得。毛泽东经常告诫领导干部：应该做到失小得大。赢天下者不受制于一地，得千古者不拘泥于一时。

5. 如何应对少数人闹事

一方面，毛泽东提出，要把矛盾解决在还未扩大的状态；另一方面，他又说：对于少数人闹事，应当采取积极态度，不应当采取消极态度，就是说不要怕，要准备着。我看要准备出大事。你准备出大事，就可能不出。对领导者来讲，即使干得再好，也很难让所有人都满意，难免一些人会闹事。对此，毛泽东说，第一条不提倡，第二条是"有人硬要闹就让他闹。要学会这

---

① 卢瑞莲、张云英、刘高志主编：《共和国领袖的决策艺术》，湖南人民出版社 1997 年版，第 419—420 页。

么一个领导艺术，不要什么都捂着。揭露矛盾，解决矛盾"①。有些矛盾只有充分暴露以后，才能弄清怎么回事，才能从根源上解决。否则，越是"捂着"，就越容易积累更大的祸患。特别是面临一些群众性矛盾的时候，当事的领导者一定不要看到一些人一闹就什么都答应了。不少恶性上访事件，就是这样造成的。而应该等等看，弄清矛盾的症结所在，再来解决它。这样做的好处是，一旦这个矛盾解决了，就可以避免同类矛盾的再次发生。当然，让矛盾暴露到什么程度再来处理，是一种艺术。一个重要原则必须坚持：在能够管控矛盾的情况下让矛盾暴露，而不是让矛盾暴露到无法收拾的地步。

6. 如何对待老百姓的骂

1941 年 6 月 3 日，陕甘宁边区政府在延安召开各县县长联席会议，讨论征粮工作和农民负担问题。当天下午正在开会的时候，突起狂风暴雨，轰的一个响雷，劈死了开会的一位县长。一位农民得知后，逢人就说："老天爷真是不长眼，把县长劈死了，为什么不劈

---

① 《马列著作毛泽东著作选读》（哲学部分），人民出版社 1978 年版，第 458 页。

死毛泽东呢?"保卫部门闻讯,立刻把这个农民抓起来,准备当作现行反革命来处理。但是,毛泽东从警卫员口中得知这件事以后,立即下令把那个农民放了回去,语重心长地说了这样一段话:"群众发牢骚,有意见,说明我们的政策和工作有毛病。不要一听到群众有议论,尤其是尖锐一点的议论,就去追查,就要立案,进行打击压制。这种做法实际上是软弱的表现,是神经衰弱的表现。"他后来也提起过这个事:为什么他咒我呢?"我调查了一番,其原因只有一个,就是征公粮太多,有些老百姓不高兴。那时确实征公粮太多。要不要反省一下研究研究政策呢?要!"①当时,经中共中央决定,边区的公粮从 20 万担一下子就减到了 16 万担。这样,骂人的农民高兴了!并且改了口,逢人就说:"毛主席真了不起,不怕雷击!"后来,毛泽东进一步告诫领导干部:"老百姓可以骂我们,我们却不能骂他们,因为他们是主人"②,是党的"活菩萨"。即是说,作为领导者,要善于倾听老百姓的骂声,并化骂声为赞声。

总的来说,领导机关和领导者,"要有正确的指导路线,遇事要拿出办法,以建立领导的中枢"③。领导就

---

① 《毛泽东文集》第 3 卷,人民出版社 1996 年版,第 338 页。

② 《毛泽东同志演讲词》,《新中华报》1940 年 2 月 3 日。

③ 《毛泽东选集》第 1 卷,人民出版社 1991 年版,第 89 页。

是随时拿主意的人。有主意，才能号召队伍。毛泽东和中国共产党的领导者为理想而奋斗的过程，就是不断出主意、实施主意的过程。主意出得多了，出得越来越好，加以系统化，就会上升为领导方略。古代思想家老子说，领导的最高境界是"不知有之"，感觉不到它的存在，却在跟着它走，实际上说的就是思想领导。而能够出主意，出好主意，是思想领导的前提。

毛泽东年轻时写道：帝王，一代帝王；圣贤，百代帝王。意思是，披荆斩棘的帝王建的只是一世之功，而提出思想的圣贤则可百代敬仰，或者说圣贤的思想可影响千秋万代。毛泽东堪称集豪杰与圣贤于一身的人物。他早年曾把曾国藩《圣哲画像记》中的 32 位"圣哲"分为"办事之人"和"传教之人"。"办事之人"重在"立功"，建立不朽业绩；"传教之人"重在"立德""立言"，千古流芳，万世师表。毛泽东可以说是"办事而兼传教之人"，"亦王亦圣"。那么，由各种"主意"组成的毛泽东领导方略不但深刻地改变了中国，而且业已成为中国文化的一部分，自然可代代相传，弦歌不辍。

第四章　毛泽东如何用干部

　　古代的很多政治家、思想家都把如何用人看作国之大事。《晏子春秋》中讲："国有三不祥，是不与焉。夫有贤而不知，一不祥；知而不用，二不祥；用而不任，三不祥也。"唐太宗曰："致安之本，惟在得人"；"能安天下者，惟在用得贤才"。司马光提出："为治之要，莫先于用人。"诸葛亮认为，"治国之道，务在举贤"。明太祖说："自古豪杰开基创业，非用贤能，何以集事？""贤才，国之宝也。"思想家王夫之则指出："能用人者，可以无敌于天下。"这些古训，总的意思是说，要善于发现人才，任用人才。"非知人不能善其任，非善任不能谓之知。"作为领导干部，这是必备的一种政治才能和领导方略。

　　马克思主义的领袖人物同样非常重视人才。毛泽东曾豪迈地告诉人们："世间一切事物中，人是第一个可宝贵的。在共产党领导下，只要有了人，什么人间奇迹也可以造出来。"① 特别是党的优秀人才和干部，贵多而恶少。全面抗战初期，他提醒全党："指导伟大的革命，要有伟大的党，要有许多最好的干部。在一个四亿五千万人的中国里面，进行历史上空前的大革命，如果领导者是一个狭隘的小团体是不行的，党内仅有一些委琐不识大体、没有远见、没有能力的领袖和干部也是不行的。中国共产党早就是一个大政党，经过反动时期的损失它依然是一个大政党，它有了许多好的领袖和干部，但是还不够。"②"只有依靠成千成万的好干部，革命的方针与办法才能执行，全面的全民族的革命战争才能出现于中国，才能最后战胜敌人。"③ 为此，他还提出了一个著名的论断："政治路线确定之后，干部就是决定的因素。"④ 显然，没有人才，就没有党的事业。党之所以最终能够成功，就在于它聚集了全国大量的优秀人才。

毛泽东把"用干部"作为领导者的两大责任之一。1957 年 6 月 13 日，他向吴冷西、胡乔木等人

---

① 《毛泽东选集》第 4 卷，人民出版社 1991 年版，第 1512 页。

② 《毛泽东选集》第 1 卷，人民出版社 1991 年版，第 277 页。

③ 《毛泽东文集》第 2 卷，人民出版社 1993 年版，第 63—64 页。

④ 《毛泽东选集》第 2 卷，人民出版社 1991 年版，第 526 页。

谈到，汉高祖刘邦得天下，原因之一就在于用人得当。据《史记》记载，刘邦称帝之初，曾问群臣：何以他得天下而项羽失天下？群臣应对不一，刘邦均不以为然。他说："夫运筹策帷帐之中，决胜于千里之外，吾不如子房。镇国家，抚百姓，给馈饷，不绝粮道，吾不如萧何。连百万之军，战必胜，攻必取，吾不如韩信。此三者，皆人杰也，吾能用之，此吾所以取天下也。项羽有一范增而不能用，此其所以为我擒也。"[1] 毛泽东还称赞过武则天，说"武则天确实是个治国之才，她既有容人之量，又有识人之智，还有用人之术"[2]。其实，这也是他的夫子自道，是他个人对"用干部"方略的总结，他本人正是这样做的，从而才使他成为知人善任的能手。

一、"考察和识别干部"

千里马常有，但伯乐不常有。领导干部要善于做伯乐，发现人才。唐太宗曾感叹："何代无贤？但患遗而

[1] 吴冷西：《关于新闻工作、办报和当记者——毛主席几次谈话的回忆》，《新闻战线》1993年第10期。
[2] 孙宝义编：《毛泽东的读书生涯》，知识出版社1993年版，第118页。

不知耳。"任何时候，以中国之大，贤才并不缺，就看治国者或当政者是否具有慧眼。古人云：乱世出英雄。何以如此呢？其中一个原因，就在于太平之世，往往庸人当道，英才湮没于众而不显。三国时，如果不是战乱，刘备也不会三顾茅庐。

毛泽东所处的时代，乱治交织，人才的标准也与古代大为不同。因此，他看人形成了一种独特的眼光。"识人之智"，其实就是毛泽东说的"善于识别干部"。他曾引用白居易的"试玉要烧三日满，辨材须待七年期"诗句，来说明识人之难。怎样才能"识别干部"呢？"不但要看干部的一时一事，而且要看干部的全部历史和全部工作，这是识别干部的主要方法。"①要对干部的社会关系、社会经历和工作表现，作全面历史的分析；而不能以点掩面，以偏概全。正如习近平所讲的："要坚持全面、历史、辩证看干部，注重一贯表现和全部工作。"②不能因为一个人在某个时期某件事上做好了，就委以重任。当然，也不能因为一个人在某个时期某件事上没有做好，就彻底否定他，一棍子打死。

毛泽东多次强调，要反对把一个指头的东西当作十

---

① 《毛泽东选集》第 2 卷，人民出版社 1991 年版，第 527 页。

② 《习近平谈治国理政》第 1 卷，外文出版社 2018 年版，第 419 页。

个指头。特别是不能使用宋玉攻击登徒子的方法，抓住一点，尽量扩大，不及其余。[①] 这里有一个典故。宋玉是楚国的一位文学家。在楚襄王时代，当"文学侍从"一类的官，他不但文章写得好，而且"风流潇洒，英俊不凡"。当时的大夫登徒子看不惯他，就在楚襄王面前说他"好色"，提醒襄王不要让他出入后宫。没想到襄王再次见了宋玉，竟以登徒子之言问之。宋玉说：没有这回事。相反，好色的不是我，恰恰是登徒子自己。襄王问：何以见得？宋玉不愧是风流才子，随机应变，当场说了这样一段话：天下之佳、丽、美者，莫若臣东家之子。增之一分则太长，减之一分则太短；着粉则太白，施朱则太赤；眉如翠羽，肌如白雪；腰如束素，齿如含贝；嫣然一笑，惑阳城，迷下蔡。然此女登墙窥臣三年，至今未许也。登徒子则不然：其妻蓬头挛耳，龃唇历齿，旁行踽偻，又疥且痔。登徒子悦之，使有五子。王孰察之，谁为好色者矣？襄王一听，有点糊涂了，好像确实是这个理，所以，此后对宋玉仍然信任有加。但是，从此，登徒子则成为千古流传的好色之徒的

---

① 毛泽东1958年1月5日在杭州同周谷城、谈家桢、赵超构的谈话。1月12日，在南宁召开的中央工作会议上，他又讲了这篇赋的内容。《毛泽东年谱（1949—1976）》第3卷，中央文献出版社2013年版，第275、278页。

代名词。在一次会议上，毛泽东琅琅背诵了这首《登徒子好色赋》，随即解释道："从本质看，应当承认登徒子是好人。娶了这样丑的女人，还能和她相亲相爱，和睦相处。照我们的看法，登徒子是一个爱情专一、遵守'婚姻法'的模范丈夫，怎能说他是'好色之徒'呢?"这就是说，识别干部决不能像宋玉那样以个人好恶颠倒是非，把优点说成缺点。

其次，识别和考察干部要走群众路线。干部好还是不好，有何特长和能力，群众最有发言权。毛泽东对罗荣桓的选用充分体现了这一点。1930 年，林彪被任命为红四军军长，但党代表（即后来的政委）让谁担任，令毛泽东颇费脑筋。因为林彪这个人性格有点古怪，平时少言寡语，别人很难与他交流共事，自他担任红四军 28 团团长以来，同历届党代表的关系都不好。经过慎重考虑，毛泽东选中了红四军第二纵队的党代表罗荣桓。在毛泽东看来，罗荣桓"能顾全大局，一向对己严，待人宽，做政治工作就需要这样的干部"①。井冈山斗争时期，毛泽东就发现了他许多可贵的品质：凡是要求战士做的，自己首先做到；打仗时冲锋在前，退却时

---

① 《罗荣桓传》编写组编：《回忆罗荣桓》，解放军出版社 1987 年版，第 631 页。

掩护在后；行军时为病号扛枪，宿营时下班查铺。罗荣桓上任后，果然不负所望，把政治工作包括后勤工作做得有声有色，即使林彪对他也无可挑剔。并且，从此还形成了一对上佳的搭档，"林罗"总是在一起，直到后来的东北战场。不过，1949年后，在一个场合，罗荣桓风趣地自道与林彪相处的苦衷："与林彪共事，等于判无期徒刑。"可谓是长期忍受一些不适。而这恰恰符合毛泽东所提倡的政治家的品格："忍耐最难，但做政治家，必须练习忍耐。"正是这样一个过人之处，使罗荣桓成为唯一的一个政工干部出身的元帅。罗荣桓去世后，毛泽东专门写了一首七律诗《吊罗荣桓同志》，惜叹："君今不幸离人世，国有疑难可问谁？"充分表达了对他的深情和倚重。

识别干部的第三点，要看其在实际工作中的表现，在具体实践中考察干部。"无产阶级革命事业的接班人，是在群众斗争中产生的，是在革命大风大浪的锻炼中成长的。应当在长期的群众斗争中，考察和识别干部，挑选和培养接班人。"① 毛泽东对粟裕的发现和重用，就充分地体现了这一点。抗日战争时期，粟裕卓越的军事才

---

① 《建国以来重要文献选编》第19册，中央文献出版社1998年版，第72页。

能已为毛泽东觉察。1945 年 9 月，他被任命为华中军区副司令员兼华中野战军司令员。国民党发动全面内战后，他率部以 3 万人迎战国民党军 12 万人的进攻，七战七捷。后来，华中野战军与粟裕的老上级陈毅指挥的山东野战军会合，这就产生了如何行使军事指挥权的问题。毛泽东一度酝酿任命粟裕为司令员，但是，粟裕一再表示不妥。1946 年 10 月 15 日，毛泽东电令："在陈领导下，大政方针共同决定，战役指挥交粟裕负责。"①具体领导还是交给粟裕。这也是一种用人艺术：低职高用。当陈毅将第一个战役方案报军委时，毛泽东还专门去电询问此案是否和粟裕研究过。可见他对粟裕不同寻常的重视和信任。后来粟裕具体组织指挥了宿北、鲁南、莱芜战役，均获大胜，其中莱芜战役创造了 3 天之内歼敌 7 万余人的纪录。陈毅称赞粟裕的指挥是"愈出愈奇，愈打愈妙"②。

刘邓大军挺进大别山后，中共中央根据战略形势决定：从中原战场上抽出华东野战军一部分兵力渡江南下，以调动中原战场上的国民党主力部队，把战争进一步引向敌人的大后方。然而，粟裕经过研究认为，此举

---

① 《毛泽东文集》第 4 卷，人民出版社 1996 年版，第 189 页。
② 《一代名将——回忆粟裕同志》，上海人民出版社 1986 年版，第 552 页。

不一定能达到吸引敌军的目的，反而减少了中原地区的作战力量，不如集中兵力于中原地区，大量歼灭敌人，从而改变整个战局。为此，他三次致电直陈中央。1948年1月22日，他向中央军委和刘邓发出"子养电"；1月31日，又发出一份长达2000字的电报，重申"子养电"的看法；4月18日，再次"斗胆直陈"。当然，在不断陈情自己看法的过程中，他也表示做好南下的准备，等待中央的进一步命令。毛泽东对粟裕的不同意见非常重视，通知他到中央直接汇报，最后决定采纳他的建议。后来，战争的实际进程，恰如粟裕所料。如果不是毛泽东独具慧眼，一下子看中了粟裕的军事才能，至少中原战场不会那么顺利。

如何"识人"或知人？毛泽东重"才"，更重"德"，尤其强调"德才兼备"。德，即政治觉悟、道德品质和思想作风，不同时代赋予德的内容不尽相同。在毛泽东看来，"德"是统帅，是灵魂，是管政治方向和政治观点的。他曾提出六条"贤才"的标准，即"能否坚决地执行党的路线，服从党的纪律，和群众有密切的联系，有独立的工作能力，积极肯干，不谋私利"①。不难发现，其中，只有一条是"才"，其余都属于"德"的

---

① 《毛泽东选集》第2卷，人民出版社1991年版，第527页。

范畴，就是说，政治、能力，不能缺一，但以政治为主。对此，陈云后来作了进一步发挥：德才兼备，以德为主。邓小平也多次指出："我们选干部，要注意德才兼备。所谓德，最主要的，就是坚持社会主义道路和党的领导。"① 这集中体现了中国共产党的用人观。

　　不过，重"德"，但不能轻"才"。毛泽东曾说："一定要反对不问政治的倾向；但是，专搞政治，不懂技术，不懂业务，也不行。"② 后来，毛泽东称之为"又红又专"。"红与专、政治与业务的关系，是两个对立物的统一"；"政治和经济的统一，政治和技术的统一，这是毫无疑义的，年年如此，永远如此。这就是又红又专"。③ 意思是说，好的干部是红与专的统一体，缺一不可。中共十一届五中全会通过的《关于党内政治生活的若干准则》进一步指出，"'红'就是具有坚定正确的政治方向，坚持四项基本原则；'专'就是学习和掌握现代化建设的专业知识，成为本职工作的内行和能手。专不等于红，但红必须专。"④ 显然，那些只善于政治表

---

　　① 《邓小平文选》第 2 卷，人民出版社 1994 年版，第 326 页。

　　② 《毛泽东文集》第 7 卷，人民出版社 1999 年版，第 309 页。

　　③ 《毛泽东文集》第 7 卷，人民出版社 1999 年版，第 351 页。

　　④ 《三中全会以来重要文献选编》上，人民出版社 1982 年版，第 433 页。

现、做表面文章的人不是党的好干部。只是现实的政治生活中，一些会喊会叫的人往往因"听话"而受重用；相反，那些真正有才的硕学之士，并不是不"红"，却往往因不善于或不愿于"表现"，而被认为是"清高"，或被拒之千里，或备受冷落。所以，领导者对"红"一定要有深刻的认识，特别是要警惕那些"抬轿子"的人；同时，要善于发现有操守之人，不惜登门求贤。"专"者的"红"能不能表现出来，往往缘于是否能得到领导者的"知遇"。

毛泽东是识别"红与专"的高手。比如，抗战时期他对文艺工作者塞克的发现和任用，即为一例。塞克是著名的歌词作者，《救国军歌》《二月里来》等当时广为流传的歌曲，其歌词都是他创作的。但他性格直率倔强，甚至有点孤傲。1938年底到达延安，毛泽东曾亲自去看望他。后来，毛泽东邀请一部分党外文艺工作者谈话，塞克是其中之一。不料，起初竟遭到塞克的拒绝，他的理由是毛泽东住处有岗哨，不愿前往。按说，毛泽东对此完全可以不予理会。令人想不到的是，他竟下令撤去了塞克必经之路上的所有岗哨，从而使塞克欣然赴会。1941年秋，延安成立青年艺术剧院，塞克还被委任为院长。在那时的所有文艺团体领导中，只有塞克属于非党员。有一天，塞克召开一次演出总结大会，结果一个人也没有到场，原来大家都参加党的支部大会去了。塞克得知后，赶到支部大会的会场，要求旁听，遭到拒绝，结果与主持会议的负责人冯文彬差点打起来。事后，塞克写信给毛泽东予以责问："党的负责人对这个问题怎么看，我要不要工作？这样子我怎么工作？"毛泽东看了信，马上约塞克来谈心。等塞克发完牢骚之后，他不无风趣地安慰说："是呀，哪有队伍被别人拉走了，司令员还不知道的事呢？我本来就跟凯丰说过：青年艺术剧院的党要公开。"① 此后不久，青年艺术剧院的共产党员身份都公开了。结果塞克发现，全院一百多人，除了三人外，都是共产党员，没想到自己这个非党分子，却做了一院之长。如此知遇，再有性子，岂能不"红"、不图报呢？ 1943 年春，由毛泽东提议，经中共中央批准，塞克作为唯一的一名非党干部，进入中央党校学习。毛泽东曾不止一次引用龚自珍的"我劝天公重抖擞，不拘一格降人才"。显然，其中也包括看人识人同样要"不拘一格"。这则故事说明，面对桀骜不驯的"专"才，领导者在某些方面不妨由着他一些。

　　"识人之智"，在毛泽东那里还表现为对于优秀年轻

---

　　①　孙琴安：《毛泽东与著名艺术家》，重庆出版社 2000 年版，第 145 页。

人的发现和破格重用，林彪被任命为红一军团第四军军长时，只有 23 岁。不到 30 岁的吴亮平、艾思奇、田家英等，都被毛泽东委以重任。领导者对人才要有敏感性，很多时候，很多情况下，缺的不是人才，而是眼光。

二、"不可执一而弃其一"

毛泽东所说的"术"，主要不是指权术，而是指用人的方法和策略，是"善任"的意思。首先是用人之长，人尽其才。所谓"用干部"，"就是用他的长处，使他的长处得到发展，短处得到克服"，"发挥长处是克服短处的最好办法"。①清朝诗人顾嗣协的一首诗表达的就是这一点："骏马能历险，力田不如牛。坚车能载重，渡河不如舟。舍长以就短，智者难为谋。生材贵适用，慎勿多苛求。"任用人才，要扬长避短。正如习近平所讲的，科学合理使用干部就是要用当其时，用其所长。毛泽东这方面的例子很多。

谭政是井冈山时期毛泽东的秘书。通过观察，毛泽东发现他有做政治工作的特长。于是，就任命他做红 31 团的党代表。就职前，毛泽东风趣地对他说："谭

---

① 《陈云文选》第 1 卷，人民出版社 1995 年版，第 111、215 页。

政，这次可真是谈政哎！"江西苏区时期，谭政最突出的两个贡献：一是提出"军纪是军队命脉"的观点，参与了三大纪律八项注意的制定。二是协助毛泽东起草了古田会议决议。众所周知，这个决议案是红军建设的纲领性文件。此后，他一直从事军队政治工作，担任过的职务有：红一军团第一师政治部主任、红军后方政治部主任、中央军委总政治部副主任、东北野战军与第四野战军政治部主任；新中国成立后，曾任中国人民解放军总政治部副主任、主任等。

毛泽东对叶剑英的任用也体现了用人之长。1960年，斯诺与毛泽东谈话时，忽然问他："你一生中最黑暗的时刻是什么时候？"出乎意料，毛泽东回答说，那是1935年的长征途中，在草地与张国焘之间的斗争。"当时党内面临着分裂，甚至有可能发生前途未卜的内战。"①这期间多亏一个人，那就是叶剑英。1967年夏天，毛泽东向人说："叶剑英同志在关键时刻是立了大功的。如果没有他，就没有这个了（摸着自己的脑袋）。他救了党，救了红军，救了我们这些人。"②

---

① 陈荣教编著：《寰宇人杰：毛泽东的故事》，华艺出版社2009年版，第65页。

② 范硕：《叶剑英的非常之路》，人民出版社2003年版，第88页。

　　长征途中的情况是这样的：当由中央红军主力和红四方面军一部组成的右路军到达巴西一带的时候，张国焘竟然给红四方面军领导人陈昌浩发了一封"密电"，内中说："南下"，"彻底开展党内斗争"。显然，其中，有危害中央之意。当时在红四方面军工作的叶剑英首先看到了这个电报，一看抬头是给陈昌浩的，也没看什么内容就去送给陈昌浩，而陈在给官兵演讲，兴致正浓，看也没看，又推给了叶剑英。叶剑英退下来才看了电报的内容，大吃一惊，假装上厕所，出来后飞快地去送给毛泽东看。毛泽东从兜里掏出一个铅笔头和一张卷烟纸，迅速记下内容，让叶剑英马上装着若无其事地回去。稍后，毛泽东与中共中央研究决定迅速北上，很快脱离了红四方面军的掌控范围。

　　经过长期的观察，毛泽东发现，叶剑英非常善于出主意。1943年，他出了一个主意，就为毛泽东所采纳。该年，国民党发起了第三次反共高潮。面对国民党的来势汹汹，毛泽东也感到很棘手。这时候，叶剑英出了一个主意，就是通电全国，把当时中共所掌握的国民党准备进犯陕甘宁边区的部队情况，诸如围攻部队的番号、人数、作战计划、指挥人员等等，统统公布出去。当然，这样做也有风险，因为这些情况都是通过情报部门得来的，如果这样做了之后，再获得类似的情报就可能困难了。但是，毛泽东想来想去感到没有更好的办法，就采纳了这样一个建议，果然产生了良好的效果。这些情况公布以后，海内外的舆论一致谴责蒋介石和国民党：不抗日，打内战！美国方面也发话了，如果国民党进攻延安，就停止对国民政府的一切援助。迫于各种压力，蒋介石只好解释说是一场"误会"，最后不得不撤销了所谓"闪击延安"的计划。一个主意，退了国民党几十万大军，可谓不战而屈人之兵。所以，毛泽东让叶剑英担任的大都是参谋长一类的职务：1935 年，叶剑英任红军前敌总指挥部参谋长，红一方面军和军委参谋长。抗战时期，任中央军委参谋长兼十八集团军参谋长。1947 年，任中国人民解放军副总参谋长。后来，叶剑英的出谋划策这个本事，多次获得毛泽东的称赞：诸葛一生唯谨慎，吕端大事不糊涂。毛泽东晚年再次赋予叶剑英重任，让他主持军委日常工作（至 1976 年初），并兼任国防部部长。

毛泽东善于用人之长，还体现在对两个人的改任上。一是中国炮兵部队的奠基人之一朱瑞。1945 年 6 月，中央曾任命他担任军委副总参谋长，但他却找到毛泽东，要求去从事炮兵建设工作，理由是他在苏联炮兵学校学习过，对炮兵比较熟悉。毛泽东非常看中他在炮兵建设上的能力，且赞赏他不计较个人权位的品德，于是任命他为延安炮兵学校的代理校长。日本投降以后，朱瑞率领炮兵学校前往东北。经过他的积极努力，东北部队不久即组建了 10 个炮兵团、6 个炮兵营和 20 多个独立炮兵连，这些部队在历次大的战斗中都发挥了重要作用。1946 年 10 月，朱瑞被任命为东北军区炮兵司令员。1948 年，东北野战军炮兵已发展到 16 个团，且拥有 4700 余门火炮，为辽沈战役的胜利立下了大功。与此同时，朱瑞领导的炮校也给其他军区输送了几百名干部，为全军的炮兵建设培养了大批骨干力量，从而使炮兵成为党领导的军队的一个重要兵种。

毛泽东用人之长的另一个典型案例是对刘伯承的改任。1950 年初，中央军委决定创办中国人民解放军军事学院。此时担任西南军政委员会主席职务的刘伯承闻讯给毛泽东写信，请求辞去现职去主持军事学院工作。毛泽东很快复信表示同意，因为他是了解刘伯承的军事教育才能的。刘伯承曾在苏联高级步兵学校、伏龙芝军事学院学习过。他一向主张"治军必先治校"，在他率领的部队中，经常办有轮训队、随营学校和军政学校。在中央苏区和长征途中，他还担任过中央红军学校校长，红四方面军、红二方面军红军大学校长。所以，让他担任军事学院院长一职再合适不过了。刘伯承在这一职位上干了 7 年之久，培养了一大批新型的军事干部，推动了中国军队的现代化和正规化。

用干部，毛泽东向来不求全责备，他说："一个人，才有长有短，性情习惯有恶点亦有善点，不可执一而弃其一。"①下级干部，有时候，也难免有犹豫不决或意志不坚定的情况。作为上级领导，要抱着一种宽容理解的态度，进行帮助。毛泽东对林彪的任用，就充分体现了这一点。林彪可谓是一个军事天才，但是，在战争年代，他也少不了闹情绪，闹别扭。前面讲到，在江西时期他就给毛泽东出过难题。没想到，长征路上，他又出问题了。

当时，毛泽东用兜圈子、迂回作战的办法，指挥红军四渡赤水、闪展腾挪最终摆脱了敌人的围追堵截，渡过了金沙江，长长地松了一口气。没想到，这时候党内军中又弥漫着对他的严重不满情绪，问题是在毛泽东看来的得意之笔，而在许多人看来却是败笔：你一会儿走大路，一会儿又要走小路；一会儿走新路，一会儿又回去走老路；特别是林彪说，放着弓弦路不走，却绕到云南走了一个弓背路，这不是折腾人吗？当红军到达四川

---

① 《毛泽东书信选集》，中央文献出版社 2003 年版，第 13 页。

会理这个地方的时候，上下许多人都有点受不了了。连三人团的王稼祥都去找张闻天反映：这老打圈圈，不打仗可不是个办法！而基层的官兵怨气更甚，林彪的表现尤为激烈，他先是给彭德怀打电话说：现在的领导不行了，你出来吧，我们听你的，跟你走！结果，受到彭德怀的严词拒绝，但是他仍不甘心，接着又给中共中央写了一封信，主要意思就是要罢免毛泽东，换人来指挥。当然，写信的还有其他军团的一些负责人，很多人都在抱怨：这样下去，部队不被打垮，也被拖垮了。在这样的情势之下，中共中央政治局不得不在会理召开扩大会议，重新研究毛泽东的指挥权问题。会上，张闻天、周恩来等中央领导人严厉地批评了林彪等人，说：这是艺术，指挥的艺术！毛泽东也很生气，指着林彪说：林彪，你还是个娃娃，懂些什么呢？不久，这样一个事情就过去了。之后，毛泽东命令林彪率军强渡大渡河。林彪可以说是知错而后勇，他率领的部队很快创下了飞夺泸定桥的奇功。

然而，万万没想到的是，等红军长征胜利到达陕北以后，他又出问题了，这一次是想撂挑子不干了。可以看一下当时他给毛泽东写的信："我对脱离现任职务改做游击战争已具不移之决心，一周来虽数次向军委请求，而卒未获准，致我非常不安。目前实为我脱离部队之惟一良机，故决不因任何障碍而改变决心。且准备于不得已时，宁可忍受处分。我很盼望你最后仍赞助我的建议，则不胜欣慰。"① 给时任中央革命军事委员会主席的毛泽东写信如此口气，充分表明林彪的恃才任性。收到这封信，毛泽东怎么办呢？他就与张闻天一道给林彪所在部队的首长彭德怀写信：中央各同志均认为林彪同志是我们党内最好的、最优秀的高级干部之一。我们认为拿出他这样的干部离开主力军去作游击战争是不能同意的。"请他来中央一个时期，使他的意见能够同中央各同志交换。"②

林彪不过是高级干部之一，毛泽东却"请他来中央"，与中央各同志坐下来交换交换意见，说得多么客气，多么抬举他。但是，没想到，林彪却"不识抬举"，不听！接着，毛泽东又写来一封信，这封信很长，其中说：在日本占领华北地区的形势下，陕南游击战争不能把它提到比陕北等处的游击战争还更重要的地位，实际上后者是更重要的。"林在某些问题上的观点是同我们有些分歧的，中央认为有当面说明之必要。现在前方军

---

① 刘波、杜福增等：《长征纪实》下卷，人民出版社 2006 年版，第 756 页。

② 刘波、杜福增等：《长征纪实》下卷，人民出版社 2006 年版，第 757 页。

事不紧张，因此仍望林来中央一行。"① 这可以说是反复地做林彪的工作。林彪很快回电，却有些更加闹情绪的意味："中央现尚未正式批准我改换工作的建议，则目前我无来中央之必要。""我从没有说陕南比陕北的工作还更重要，游击战争比主力红军还更重要的话，我根本就没有这样错误的见解。"② 三番五次的电报来往，他就是不听。这可怎么办？最后，毛泽东给他发了一封寥寥数语的电报说："接电立即动身来中央讨论你的工作问题，职交左权暂代。"③ 什么意思？赶快来，不来，就地免职，愿意干啥干啥去。

在这样一种情势之下，林彪何以处置呢？他当初不是也想到了有可能受处分吗！处分，马上来了。然而，他毕竟是聪明人，看他的回电："明日动身去中央"④。可谓是敬酒不吃，吃罚酒！这也提醒领导者，有时候对于好闹别扭的下属，首先要进行耐心的说服

① 《毛泽东年谱（1893—1949）》上卷，中央文献出版社2013年版，第498页。

② 刘波、杜福增等：《长征纪实》下卷，人民出版社2006年版，第758页。

③ 刘波、杜福增等：《长征纪实》下卷，人民出版社2006年版，第758页。

④ 刘波、杜福增等：《长征纪实》下卷，人民出版社2006年版，第758页。

教育，说服教育不听，那就要动用组织手段、纪律手段。中国共产党历来是讲究组织纪律的，你想干啥就干啥吗？那显然是不行的。不过，这也体现了毛泽东的这样一种领导方法："对下面来的错误意见也要听，根本不听是不对的；不过听了而不照它做，并且要给以批评。"①

然而，林彪受批评改正错误以后，并没有撑多长时间，老毛病又犯了。1936年春，在红军东征过程中，对红军的作战方向他又与毛泽东发生了分歧，连发数电给中央说："彭、毛两同志及方面军机关移至陕北苏区，与中共中央诸同志在一起工作为好，以便集中人力、精力、时间，充分冷静考虑指导全部政治、军事、外交大计。彭、毛随部作游击战争，今日至此，明日至彼，必有碍指挥。"②意思是，让毛泽东回后方，前方交给他指挥，并且态度明显很不客气，甚至有点嘲讽"彭、毛""瞎指挥"之意。收到林彪的一系列电报以后，毛泽东与彭德怀联名向林彪、聂荣臻发了一封长电，详尽分析了红军面临的形势与任务，明确表明：中央与军委的极重大任务是"扩大红军，在陕西

---

① 《毛泽东选集》第4卷，人民出版社1991年版，第1442页。
② 糜果才：《烽烟平型关》，人民出版社2015年版，第61页。

与华北地区取得重大胜利，首先在陕西创造更大根据
地"①。没有这些，就没有什么"政治、军事、外交大
计"。并且明确表示："中央不能同意如此重大任务，
可以不要一个中央委员直接参加而能顺利完成的。"②
暗含的意思是，林彪还不足以承担如此重大的任务。
由此可知，毛泽东的权威是靠无数次的"主意"正确
取得的，在这一过程中不知遭受过多少次来自下属的
或明或暗的质疑和挑战。从中不难发现，他对于那些
才能超群的人是何等宽容大度。

当然，这也是他的用人之道，对那些犯错的人，不
只看到他的错，而使他知错有为。一代名将许世友，战
功卓著，但也有明显的缺点，性格刚烈，脾气暴躁。他
当年试图"带人出逃"反被毛泽东重用的故事，往往被
捕风捉影地演绎得精彩离奇。据其身边的工作人员求
证，实际情况是：作为红四方面军的重要将领，当时他
的确想不通为什么"下死力气"整张国焘。他认为，老
张就算是没有功劳也有苦劳，要不，怎么四方面军还会
有8万多人？后来，他在会场上说了自己的这个看法，

① 叶健君、程波、王龙彪等：《毛泽东与林彪》，东方出版社
2013年版，第59页。
② 叶健君、程波、王龙彪等：《毛泽东与林彪》，东方出版社
2013年版，第59页。

立刻遭到痛骂，林彪、萧华还说要枪毙他，谢富治是老战友了，居然听了林彪的话，把枪拔了出来，许世友气得大骂："老子不干了，老子去学梁山好汉，落草为寇去！"就是这句话后来被以讹传讹地演绎为许带兵出逃或者本人出逃。毛泽东知道后，亲自去看许世友，和他谈了3个小时。这个过程，许世友始终没有正面说过。他就是说："主席真有水平，比老张强，我觉得跟着他干，能行，弯子就转过来了。"毛泽东从许世友那里出来说："以后，谁也不许再难为世友同志，认识错误都要一个过程。"①再以后，许世友被委以重任。

作为领导者，可贵之处就在于"使人改过"或"教人改过"。毛泽东还借古代的吏治故事多次表达过这一点。据《智囊》记载，西汉成帝时，武官出身的朱博做了翼州刺史。一次外出巡视，地方官吏和老百姓数百人拦道告状。一位老从事（古代官职名）将情况告诉朱博，请他滞留该县处理。朱博心中明白这位从事是要探试自己的处事能力，便让他明文告示：想告县级官吏的人，各自到自己郡里去告，本刺史不直接监察这一级官吏；想告郡守、邑宰一级官吏的人，等本刺史巡视回到治所再来告；其他那些打官司举盗贼的事情，则到各个

① 陈枫：《十大将军》，中央编译出版社2004年版，第40页。

相应衙门去反映。告示一出，四五百人顷刻散去。谁都没有想到朱博应变能力这样强。朱博后来调查发现，果然是那名老从事唆使百姓聚众拦道，遂"杀此吏"。毛泽东读后批注："此吏亦可不杀，教以改过，调改他职可也。"①

《智囊》还记载了朱博的另一件事。长陵大姓中有个人叫尚方禁，年轻时盗人妻被砍伤面颊。官府功曹受了贿赂，不仅没有革除尚方禁，反调他做守尉。朱博听到此事，召见尚方禁，故意问他脸上的伤疤是怎么来的。尚自知朱博已知实情，连忙叩头据实禀报。朱博笑道："我想为你洗雪耻辱，你愿意为我效力吗？"尚惊喜道："万死不辞。"于是，朱博让他做耳目。这样，尚方禁经常破获盗劫等犯罪活动，很见成效，后升至县令。后来，朱博又召见那位功曹，一一列举尚方禁等人的事，痛加斥责，令他将自己受贿之事全部写下来。功曹惶恐万状，详记所有为奸为贪为贼之事。朱博也要他改过自新，然后拔刀将他所写罪状裁成纸屑。这位功曹从此以后战战兢兢、尽心尽力，办事再不敢有任何差错。毛泽东读到这里，批注曰"使人改

---

① 《毛泽东读文史古籍批语集》，中央文献出版社1993年版，第53页。

过自效"①。

据史书记载，三国时蜀国重臣法正，很有才干，直言善谏，但有个毛病，常常意气用事，并计较个人恩怨。有人建议诸葛亮奏报刘备，"抑其威福"。然而，诸葛亮则从大局出发，认为法正恰如羽翼一样辅佐刘备，不必因小过而束缚其施展才干。② 毛泽东在《资治通鉴》中读到此事，批注说："观人观大节，略小故。"③ 其实，延安时期，毛泽东还向萧军说过类似的话：水至清则无鱼，人至察则无徒。人无完人，金无足赤，这是自然的道理，领导者必须深刻地懂得这一点。1975 年 10 月，毛泽东再次批示强调，要"打破金要足赤，人要完人的形而上学错误思想"④。

从毛泽东的这些批注，可以更好地理解毛泽东的用人方法，这确实有点"术"的味道。当然，这是在深知人性基础上的"术"。1963 年 10 月，毛泽东在天津与

---

① 《毛泽东读文史古籍批语集》，中央文献出版社 1993 年版，第 54 页。

② 张树德：《毛泽东与中国古典军事典籍》，中共中央党校出版社 1997 年版，第 193 页。

③ 《毛泽东读文史古籍批语集》，中央文献出版社 1993 年版，第 291 页。

④ 《建国以来毛泽东文稿》第 13 册，中央文献出版社 1998 年版，第 477 页。

中共中央华北局和有关省市负责人谈话时还讲道："人是可以觉悟的。陈平是贪污犯，汉高祖给他钱，他不记账。后来做了宰相，除吕保刘。可见人有错误是可以改的，除罪大恶极、血债严重、群众不答应的以外"，一些不严重的错误，"能改的还可以使用"①。当然，错误是有限度的，像黄克功那样的杀人，像刘青山、张子善那样的贪污，毛泽东还是挥泪斩马谡。其实，这是用干部的另一面，杀一儆百。

毛泽东在"善任"方面的高明之处，还在于善于任用那些有"污点"或"恶点"的人，从而使之改过自新。井冈山斗争初期，军队人数不多，加上战斗频繁，伤亡较大，而兵源又难以补充。为此，部队在征兵时，常常吸收一些俘虏充实队伍。这些俘虏在原来军队里沾染了不少恶习，吃喝嫖赌样样都干，还有不少人抽大烟。当时，许多工农出身的战士对这部分人很反感。但毛泽东没有轻易放弃他们，而是对他们进行教育、帮助、改造，引导他们按红军的规矩办事。更令人想不到的是，毛泽东还充分利用他们抽大烟的"特长"，把这些人编成一个侦查队，让他们化装成烟客深入敌占区的烟馆搜

---

① 王香平：《毛泽东点评历史上"使人改过自效"的几件事》，《党的文献》2007 年第 5 期。

集情报。后来，这些人大都被改造成了合格的红军战士。把旧人改造成新人，这是毛泽东用人的神奇之处。

新中国成立初期，贵州的匪患很严重。其中，有一个布依族女匪首程莲珍，武功高强、身手敏捷、枪法奇准，长期为患一方。后来，经过贵州省军区努力，终于将其擒获。按其罪责，应当严惩。当省军区把此事上报到中央时，毛泽东竟下令放了她。显然，毛泽东的考虑更全面，当时剿匪虽然已接近尾声，但情况仍然十分复杂，特别是土匪问题与民族问题交织在一起。程莲珍经过说服教育后，果然洗心革面，在一个多月的时间里，就劝说了22名匪徒向政府投降。有几个号称"八大金刚"的匪首，特别凶狠狡猾，拒不投降。程莲珍动员他们家属去劝降多次未果，于是她带着部队进山将他们一一击毙。化恶为善，善莫大焉。如果这也叫作"术"，则是领导者要学的，特别是面临复杂的社会形势的时候。

三、"总是多一点人好"

海纳百川，有容乃大。俗话说，有多大肚量，办多大事业。毛泽东能够成为中国共产党的领袖，与他非凡的"容人之量"不无关系。他曾说，在他之前党的历史上有过 5 位主要领导人，长期存在着一种很不好的做法，那就是后任领导人对于前任往往采取的是"残酷斗争，无情打击"的办法。比如，李立三对陈独秀，不但首先提议开除他的党籍，而且还批判他的"托陈取消派"。王明做主以后，对李立三也不客气。李立三后来回忆，在莫斯科王明手下过了 7 年"小媳妇"的生活，整日谨小慎微，却仍不免受王明的斥骂。博古对瞿秋白也够狠，苏区时期，瞿秋白已经是疾病缠身，博古却给他相当于工人的最低待遇。长征的时候，还不让他跟着走，说不能带这样一个"累赘"。然而，毛泽东做了党的主要领导人，在中共七大上，对前面的李立三、王明、博古这三位却相当宽容，皆提名选为中央委员。

应该说，做到这一点并不容易。本来，对于犯过"左"倾错误的王明等人，很多代表认为不应再选举他们。可是，毛泽东仍然坚持提议把他们选进中央委员会。在他看来，过去中央对陈独秀、李立三的处理是不妥的，后果是不好的。经过他做工作，王明、李立三和博古都当选上中央委员。选举的那天，代表投完票，大会宣布：唱票时可以自由活动，可是毛泽东仍坚持坐在台上听唱票，一直听到王明的票过了半数，他才放心地离开。后来毛泽东说，如果他选不上，大家心中都会不安的，一人向隅，满座为之不欢。

　　然而，曾作为"左"倾中央重要领导成员的王稼祥没有选上。王稼祥与王明、博古等人同属留苏学生群体，在党内担任过重要领导职务。他是否当选，实际上关系到能否很好地团结来自不同地方、不同部门的同志以及有过意见分歧甚至冲突的同志。为此，在候补中央委员选举时，毛泽东专门讲了王稼祥落选的问题。他说，王稼祥"虽然犯过路线错误，也有缺点，但他是有功的"，接着一件一件地列举了他的功劳，还特别提到了他在遵义会议和六届六中全会上所起的重要作用。最后，毛泽东非常肯定地指出："他是能够执行大会路线的，而且从过去看，在四中全会后第三次'左'倾路线正在高涨时，在遵义会议时，在六中全会时，也都可以证明这一点。"①结果，王稼祥以第二多的高票当选。李立三、王明、博古、张闻天、王稼祥等人，大都是让毛泽东吃过苦头的，而他在完全有主动权的情况下，却从大局出发，不计前嫌，足见"容人之量"。

　　不仅如此，七大之后，毛泽东还安排他们担任了极其重要的领导职务。像王明担任过中央政治研究室主任、中央法制问题研究委员会委员，1949 年后，任政务院政法委员会副主任、主任。新中国第一部《婚姻

---

① 《毛泽东文集》第 3 卷，人民出版社 1996 年版，第 426 页。

法》就是由王明主持起草的。不过，1956 年他去苏联治病，就再也没有回来。再看李立三担任的领导职务：中共中央东北局敌工部、城工部部长，全国总工会副主席。1949 年后，任过中共中央工会委员会书记、中央人民政府委员、劳动部部长、中共中央华北局书记处书记。这也特别体现了毛泽东的容人之量。在《党委会的工作方法》中，毛泽东还专门讲到了这一点："我们当中还有犯过很大错误的人，不要嫌这些人，要准备和他们一道工作。"①

"善任"的一个重要含义，就是善于帮助、团结和任用那些犯过错误的人。毛泽东曾花相当篇幅论述这一点："对于犯了错误的同志，有人说要看他们改不改。我说单是看还不行，还要帮助他们改。这就是说，一要看，二要帮。人是要帮助的，没有犯错误的人要帮助，犯了错误的人更要帮助。人大概是没有不犯错误的，多多少少要犯错误，犯了错误就要帮助。只看，是消极的，要设立各种条件帮助他改。"② 因为"对于革命来说，总是多一点人好。犯错误的人，除了极少数坚持错误、屡教不改的以外，大多数是可以改正的。正如得过伤寒

---

① 《毛泽东选集》第 4 卷，人民出版社 1991 年版，第 1443 页。
② 《毛泽东文集》第 7 卷，人民出版社 1999 年版，第 40 页。

病的可以免疫一样，犯过错误的人，只要善于从错误中取得教训，也可以少犯错误"①。正确对待犯错误的人，既是领导者需要的一种"容人之量"，又是发挥各方面积极性的一种领导方法。

人非圣贤，孰能无过。再有能力的人也不能保证做每一件事都成功，尤其在战争年代，胜败乃兵家常事。对此，毛泽东是十分清楚的，所以他用干部不以成败论英雄。1937年盛夏，原红军西路军总指挥徐向前历尽千辛万苦回到了延安。当时，一些人埋怨他把几万人马给搞光了，一个光杆司令还回来干什么？然而，毛泽东对徐向前不但没有责备，反而安慰他说："留得青山在，不怕没柴烧，你能回来就好，有鸡就有蛋。"② 徐向前作为一位杰出将领，曾屡屡立下战功。俗话说："千军易得，一将难求。"只要将帅在，队伍自然还会有的，毛泽东深谙此道。后来，他派徐向前奔赴抗日前线，重担大任。恰如毛泽东所说，徐向前率领的部队在华北艰难的环境下不断发展壮大。到解放战争时期，他领导下的包括地方武装在内的6万余人全部转变为主力部队，仅仅一月之内，就消灭了阎锡山的精锐部队10万人。

---

① 《毛泽东文集》第7卷，人民出版社1999年版，第40页。

② 徐向前：《历史的回顾》，人民出版社2016年版，第324页。

试想，如果当年不是毛泽东正确对待，自然不会有如此战果。

用干部，毛泽东还多次强调过这样一个原则：要反对山头主义，不能搞山头，拉帮结派，小组织活动；但是在实际的人事安排中，又要照顾山头。"肃清山头主义，就要承认山头，照顾山头，这样才能缩小山头，消灭山头。"① 为什么呢？因为在当时党内存在着一个又一个的"山头"，那也是一种事实，像红区、白区，华南、华北、东北根据地，红一、二、四方面军，党政军民学，其中有"外来干部和本地干部的关系，军队干部和地方干部的关系"，"老干部和新干部的关系"，"党和非党干部"的关系等等。② 显然不能只用一个方面的干部。1949 年 12 月，毛泽东还专门作过这样一个批示："配备人员时，注意尽可能提拔原四方面军干部，此点务须注意。"不要因为张国焘犯了错误，而影响该部队干部的正常使用。1960 年时，埃德加·斯诺问毛泽东，你这一生中最黑暗的时候是什么时候？毛泽东想了一下说，那是长征路上与张国焘分裂主义作斗争的时候。对于使他陷入人生最黑暗时候

① 《毛泽东文集》第 3 卷，人民出版社 1996 年版，第 345 页。
② 《毛泽东选集》第 3 卷，人民出版社 1991 年版，第 825 页。

的原四方面军的干部却是这样一种态度，这尤能体现一种容人之量。

在毛泽东看来，"我们民族历史中从来就有两个对立的路线：一个是'任人唯贤'的路线，一个是'任人唯亲'的路线。前者是正派的路线，后者是不正派的路线。"① 而中国共产党的干部路线，就是任人唯贤的路线。他一再强调，所有干部都是"一个父母生的"，是党的财富，不要分彼此；只要是愿意为革命事业出力的人，不管他来自什么地方，不管他是什么出身，即使是自己以前的仇人，与自己意见不一致的人，反对过自己反对错了的人，都要能够不计前仇，捐弃前嫌，团结任用。

他十分警惕旧官场中"一人得道，鸡犬升天"的腐败现象，多次告诉秘书：我们共产党的章法，决不能像蒋介石他们一样搞裙带关系，一个人当了官，沾亲带故的人都可以升官发财。如果那样下去，就会脱离群众，就会和蒋介石一样早晚要垮台。为此，革命胜利后他嘱咐身边工作人员："凡是要求到北京来看我的，现在一律不准来，来了也不见。凡是要求我给安排什么工作的，一律谢绝，我这里不介绍、不推荐、不说话、不写

---

① 《毛泽东选集》第2卷，人民出版社1991年版，第527页。

信。"[1] 在中国这样一个具有重人情重血缘关系传统的国度，能够用人不分亲疏，只问贤愚，着实不易。

这一点，蒋介石就做得不好，反而借重古代的江湖做法，比如他与冯玉祥、张学良等很多党政要人都拜过把子，结为所谓的"金兰之好"。但到头来，仍不免分崩离析。再如，他是依靠"黄埔系"起家的。从国民党授衔的将领来看，主要来自"日本士官系""保定系""黄埔系"。抗战胜利后，"黄埔系"势力达到了顶峰。其次，蒋介石用人还讲究同乡渊源。"浙江帮"横亘整个国民党权力系统。军事系统有胡宗南、陈诚、汤恩伯等，掌握了国民党武器最先进的军队；特务系统有戴笠、毛人凤，整个特务系统简直就是浙江人的天下；党务系统有陈果夫、陈立夫兄弟。古代虽有"打仗亲兄弟，上阵父子兵"的说法，但是在经过五四反封建的中国，这已失去了号召力，而反映现代性的阶级、民族和国家观念逐渐演化为时代思潮。有意思的是，1935年蒋介石对新任内阁成员讲话的时候打过一个比喻说：为国家物色一个好的官吏就好比父母替女儿选女婿一样难。固然他是在说明选贤之不易，然而

---

① 《毛泽东——共和国领袖故事》，上海教育出版社2006年版，第161页。

却无意中流露了他是以"家"的观念来谋"国"的。看来，毛泽东规定"共产党的章法"，引他以为戒，的确是有道理的。

需要说明的是，毛泽东用干部是在组织体系中来用的，他从来不与个人"拉拉扯扯"。前面讲到，即便是对于他喜爱的林彪，当他出问题的时候，也是和张闻天一道通过彭德怀这样一个组织系统去做他的工作。可以说，中国共产党之所以能够成功，就在于有一套上下统一的组织体系。不过，毛泽东还有一个特点，那就是当常规的组织体系不利于或者不能实现他的主意的时候，他还比较善于成立新的组织或调整旧的组织。延安整风的时候，就成立过一个中央总学习委员会，由他本人任主任，刘少奇等任副主任。这个总学委的权力是非常之大的。比如，它下面有一个"巡视团"，可以派出巡视小组前往各重要机关检查运动进行情况，可以直接调阅部门或地方主要领导人的学习笔记。再如，到1953年，当毛泽东对政务院财经委推出的新税制产生严重不满的时候，他又作了一次组织调整，那就是撤销了政务院的党组干事会，而把政务院下面的各部委党的领导组织分成6个小组，称"党组小组"，直接受中央领导。具体来说：国家计划工作，高岗负责；政法工作，董必武等负责；财经工作，陈云等负责；文教工作，习仲勋负责；

外交工作，周恩来负责；其他如民族、人事工作等，邓小平负责。① 到 1958 年，他又进一步加强了各党组小组的权力，强调指出，大政方针在中央政治局，具体部署在书记处，只有一个政治设计院，没有两个政治设计院。大政方针和具体部署，都是一元化。

这些情况表明，毛泽东既善于用干部，又善于用组织。对此，可以把他与蒋介石作一比较。蒋介石有一位高参叫熊式辉，有一次向他进言说：一等人用组织；二等人用人；三等人用手。意思是提醒蒋介石要做一等人，不要做三等人，事必躬亲。但实际上怎样呢？蒋介石有一次感叹是无组织、无干部："一、精神过于集中，故有轻重不均，顾此失彼之弊，此无组织之故。二、重事而不择人，赏罚不明，善之不能用，恶之不能去，此无干部之故。"②"无干部"到什么程度呢？再看他的这样一次记载："世道日非，人欲横流，欲得一贤能之士为助，如何求之。旧党员多皆腐败无能，新党员多恶劣浮嚣，而非党员则接近不易，考察更难。"③ 你堂堂国民政府，可谓人才济济，真的一个助手都找不到吗？那显

---

① 《毛泽东年谱（1949—1976）》第 2 卷，中央文献出版社 2013 年版，第 54 页。

② 蒋介石日记，1932 年 5 月 24 日。

③ 蒋介石日记，1932 年 9 月 1 日。

然缺的不是千里马，而是伯乐的眼光。如此一来，就造成这样一种状况："所用之人，所有机关，几无一如意，非贪污即荒唐，生今日之世，明知为其陷死，而无法自拔也。奈何！"这比中共对国民党的批评还要厉害。有一次，他还抱怨："除妻之外，无一人能为余代负一分责，代用一分心，政府高级文武多如此。"①他自己不想想：是人家不愿意替你负责呢，还是你没有让人家负责？美国企业家查雪尔曾说："授权，是一个事业的成功之途。它使每个人感到受重视、被信任，进而使他们有责任心、有参与感，这样，整个团体同心合作，人人都能发挥所长，组织也才有新鲜的活力，事业方能蒸蒸日上。"你没有授权，人家怎么来替你负责？

　　而毛泽东是非常善于授权的。可以看他 1938 年给朱德、彭德怀发的这样一封电报：军委指导只提出大的方针，由朱、彭根据此方针及当前情况作具体部署。军委有时提出具体作战意见，但是建议性质，是否切合情况，须由朱、彭按当前敌情加以确定，军委不加干涉。②"用干部"，应该"用则不疑，疑则不用"，即注重发挥下属的主动性和创造性。在战争年代，毛泽东给

---

①　蒋介石日记，1937 年 8 月 3 日。

②　《毛泽东年谱（1893—1949）》中卷，中央文献出版社 2013 年版，第 56 页。

前方将领的电报和指示，很多都写有"请酌办""望机断行之""请将你们意见电告""请按实情决定""望酌情机断行之"等语。即使对林彪在辽沈战役中开始不打锦州而打长春的错误主张，他也一方面进行说服，另一方面又令示"如有意见，速即电告，否则即照此部署执行"，"你们如果不同意这些指出，则望你们提出反驳"。①淮海战役中，毛泽东电示总前委："情况紧急时机，一切由刘陈邓临机处置，不要请示。"②该怎么打就怎么打。

这恰恰与蒋介石在战役指挥时的电令形成鲜明的对照，他下达的电文里充满了"务必""限于""特令"等严厉词句，甚至常常强调"倘有延误，决按军律从严惩处，不稍宽待"。古人云，将在外，君命有所不受。战场上形势瞬息万变，只有前线指挥员最熟悉，需要临场发挥，当机立断。如果对第一线的将领规定过死，势必束缚他的手脚，不敢负责，造成贻误战机。蒋介石虽然为军事科班出身，其属下也战将云集，但在具体的战役指挥上，他却总是疑心重重，不善于"授权"，反而横

① 《毛泽东军事文集》第 4 卷，军事科学出版社、中央文献出版社 1993 年版，第 552、564 页。

② 《毛泽东军事文集》第 5 卷，军事科学出版社、中央文献出版社 1993 年版，第 269 页。

加干预，这不能不说是他失败的一个重要原因。唐朝的陈子昂曾提出用人有"四忌"，即"好贤而不能任，能任而不能信，能信而不能终，能终而不能赏，虽有贤人，终不可用矣"。可以说，蒋介石就恰恰犯了这"四忌"，而毛泽东显然是好的典型。

毛泽东的"容人之量"，还体现为对非党人才的任用上。基于中共曾提出"联合政府"的主张，新中国成立初期，中央政权机构中任用了大量的非党干部：中央人民政府主席、副主席7人中，非中共人士3人（宋庆龄、李济深、张澜）；中央人民政府委员56人中，非中共人士28人。政务院总理、副总理5人中，非中共人士2人（郭沫若、黄炎培）；政务院政务委员21人中，非中共人士11人；政务院下属30个部委主官，非中共人士13人。全国政协主席、副主席6人中，非中共人士4人（李济深、沈钧儒、郭沫若、陈叔通）；全国政协常委28人中，非中共人士17人。最高审判机关和检察机关主官2人中，非中共人士1人。即使对于通过起义等方式留下来的国民党军政要员，毛泽东也大都作了妥善的安排，有的还身居要职，比如，先后担任全国人大常委会副委员长、国防委员会副主席的程潜、张治中；先后担任国防委员会副主席的龙云、卫立煌、蔡廷锴；担任政务院政务委员的黄绍竑；担任水利部部长的傅作义；担任林业部部长的刘文辉；1955 年和解放军高级将领一道被授予上将军衔的陈明仁。

这样一种任用也曾引起一些干部的牢骚："早革命不如晚革命，晚革命不如不革命，不革命不如反革命"[①]。毛泽东得知后说，我们建立新中国就像是建了一座很好的大厦，但是光有一个好的大厦是绝对不够的，里面总不能是空空洞洞的，像沙发、桌子这样的陈设总是要有的，还要安排挂上字画，摆上花，这样才不会显得单调。可我们有的同志就只愿意要自己的陈设，不要别人的陈设。革命当然比不革命好，不革命就没有革命的胜利，老革命贡献是大，新革命也有贡献，说革命不如不革命，这样的话不好嘛。"容人"的背后其实是一种自信，是一种"天下为公"的胸怀。

不难看出，毛泽东提倡的"识人之智""用人之术""容人之量"，是"用干部"方略中的三个同时并举的不同侧面，亦可看作富有逻辑的三个环节，尽管他用之来称赞武则天时排列的顺序并非如此。一般来说，只有"识人"，才能"用人"；只有在"用人"中才能看得出是否"容人"。不了解就不能很好地任用。知人善任，

---

① 李维汉：《回忆与研究》下，中共党史资料出版社 1986 年版，第 677 页。

知人在先，善任在后，知人是善任的前提和基础，善任是知人的延伸和深化。当然，任用的过程中，有一个是否能"容人"的问题。"任人唯亲"还是"任人唯贤"就是判断的标准。

需要指出的是，领导者"用干部"，并不是说不用自己了。这一点，毛泽东也是值得学习的。中共历史上，有许多部署重大战斗、战役的电报和文件，都是他自己起草、批发的；党报上许多重要的社论、评论，不少也出自他的手笔。他还专门强调，领导干部不可以一切依赖秘书，或者作"二排议员"；要以自己动手为主，别人帮助为辅。不要让秘书制度成为一般制度，不应当设秘书的人不许设秘书。一切依赖秘书，这是革命意志衰退的一种表现。① 意思是作为领导者，要把用人和用己结合起来，自己带头干，以身作则。不然，纵使能够知人善任，说话办事也不那么硬气，腰杆也不那么挺直。

---

① 《毛泽东文集》第 7 卷，人民出版社 1999 年版，第 359 页。

第五章　毛泽东如何干工作

　　任何一种工作都需要讲方法，特别是领导工作。面对艰巨的任务，面对复杂的情况，面对新的问题，如果没有正确的方法，就会一筹莫展，不知所措。毛泽东常讲，学习马克思主义，主要是学习马克思主义的立场观点和方法。毛泽东一向强调工作方法对工作的重要性，曾写过或起草过不少文章和文件，比如《关心群众生活，注意工作方法》（1934 年 1 月）、《关于领导方法的若干问题》（1943 年 6 月）、《关于健全党委制》（1948 年 9 月）、《工作方法六十条（草案）》（1958 年 1 月）、《工作方法十六条》等。其中，最有代表性的是在 1949 年 3 月七届二中全会上演讲的《党委会的工作方法》。当时，全国革命胜利在望，毛泽东充分认识到这是党的事业的一个转折点。"从现在起，开始了由城市到乡村并由城市领导乡村的时期。党的工作重心由乡村移到了城市。"① 面对新的任务、新的问题，"我们熟习的东西有些快要闲起来了，我们不熟习的东西正在强迫我们去做。这就是困难"②。他形象地把入主北京（当时称北平）比喻为"进京赶考"。能否考及格，能否不当李自成，能否做好经济建设工作，能否赢得全国人民的普遍支持，能否担负起建设一个新中国的任务，在他看来，关键在于能否保持并进一步发挥党的正确领导。而要发挥正确领导作用，作为各地区各领域最高领导机关的党委会及其工作方法乃是关键中的关键。

可以说，他提出的党委会的工作方法即是他对马克思主义方法论的具体运用。同时，也是他对党以前实际工作经验的总结。这部著作产生的时候，中国共产党已走向成熟，由几十个人的组织变成了一个即将掌握全国政权的大党，形成了一整套正确有效的工作方法。因此，这些方法既蕴含着马克思主义的一般要求，又体现了中国作风和中国气派。正确的工作方法是推动领导者走向成功的最为直接的因素。

---

① 《毛泽东选集》第 4 卷，人民出版社 1991 年版，第 1427 页。
② 《毛泽东选集》第 4 卷，人民出版社 1991 年版，第 1480 页。

一、"搞那么一件事就钻进去"

在毛泽东看来，众多矛盾之中，必有一个是主要的；繁杂工作之中，必有一个是中心。因此，开展工作首先要抓主要矛盾，抓中心或关键，以带动其他。在阐释这一方法时，他多次引用过两句戏文。1958 年 6 月21 日，在中央军委扩大会议上，他说：抗美援朝战争打了以后，我就把一切推给彭德怀同志，4 年多我没有管军事。我做工作就是单打一，搞那么一件事就钻进去了。我也提倡这个方法。有本书叫《香山记》，讲观音菩萨怎么出身，别的我都忘记了，头两句叫作"不唱天来不唱地，只唱一出《香山记》"。我就采用这两句作为方法，这几年是不唱天来不唱地，就是只唱一本别的戏。军事，我就没有唱了。这个方法是不坏的。你唱《打渔杀家》不能唱《西厢记》，你不能两个戏同时在台上唱。

1963 年 5 月 8 日，毛泽东在杭州的中央工作会议上谈到应该抓主要工作时，又说：就是不唱天来不唱地，只唱一出《香山记》。这是描写妙庄王女儿的一本书，头两句就是这样。事物是可以割断的。天也不唱，地也不唱，只唱妙庄王的女儿如何如何。比如看戏，看《黄鹤楼》，天也忘了，地也忘了，其他的戏如《白门楼》也忘了，只看我的同乡黄盖。你们中央局就开这样的会，不唱天，不唱地，只唱《香山记》。1964年3月28日，山西省委第一书记陶鲁笳向他汇报，"只唱一出《香山记》"的办法传达后，效果很好。毛泽东说：我四五十年前看过这本书，开头两句是"不唱天来不唱地，只唱一出《香山记》"。唱这个戏，别的戏就不唱了。就像你们河北唱《劈山救母》一样，不能什么都唱。这个方法要普遍运用。①

其实，这个方法，说到底就是工作应突出重点，抓住根本，在做一件事的时候要集中精力。毛泽东的一生一直是这样说，也是这样做的。大革命失败以后，他很快就认识到，中国革命的中心内容是土地革命，因而坚定地在农村进行"武装割据"。在长期的革命斗争中，他有的时候集中于指挥打仗，有的时候集中于理论创造，有的时候又集中于整顿党的作风。同时，他还反复地向全党强调这种集中精力干大事、要事的方法。

1943年6月1日，在为中共中央起草《关于领导方法的若干问题》的决议时他明确指出："在任何一个地区内，不能同时有许多中心工作，在一定时间内只能

---

① 本段与上段转引自陈晋：《"只唱一出〈香山记〉"》，《党的文献》2008年第4期。

有一个中心工作，辅以别的第二位、第三位的工作。"①
在一个时期只有一个"中心工作"，首先是一种思想方
法，思想方法和工作方法是互相结合的，思想不对头，
工作方法也就不对头。也就是大脑里应有一根弦，有意
识地去寻找它，"任何一级首长，应当把自己注意的重
心"放在那些"最重要最有决定意义的问题或动作上，
而不应当放在其他的问题或动作上"。那么，"中心工
作"或"最重要最有决定意义的问题"是什么，深思熟
虑以后要明确，特别是要告诉下属和自己的团队。

1937 年 9 月 21 日，毛泽东发给彭德怀的电报指出：
"今日红军在决战问题上不起任何决定作用，而有一种
自己的拿手好戏，在这种拿手戏中一定能起决定作用，
这就是真正独立自主的山地游击战（不是运动战）。要实
行这样的方针，就要战略上有有力部队处于敌之翼侧，
就要以创造根据地发动群众为主，就要分散兵力，而不
是以集中打仗为主。集中打仗则不能做群众工作，作群
众工作则不能集中打仗，二者不能并举。然而，只有分
散做群众工作，才是决定地制胜敌人、援助友军的唯一
无二的办法，集中打仗在目前是毫无结果可言的。"② 仗

---

① 《毛泽东选集》第 3 卷，人民出版社 1991 年版，第 901 页。
② 《毛泽东文集》第 2 卷，人民出版社 1993 年版，第 19—20 页。

是要打的，但现在是做群众工作。在当时的情势下，强调这一"中心"，不但需要智慧，而且需要勇气。给下属明白地具体地指出一个时期的"中心工作"，就会使之有所遵循。当然，能够"适时"地判定什么是"中心"，则需要独具慧眼。为此，要形成马克思主义的思想方法，凡事都要分主要矛盾和次要矛盾，并懂得相互转化。

新中国成立初期，革命的任务未了，建设的任务又摆在了面前，百废待兴，千头万绪，诸如肃清国民党残余、解放台湾和西藏、恢复经济、土地改革、整顿工商业、打破外国封锁等。首先应该抓什么呢？当时，有的人认为民族资产阶级是革命的对象，应当尽快地加以消灭。而在毛泽东看来，财政经济困难能否解决，才是关系到新生政权能不能站稳脚跟的关键问题。因此，党的"中心工作"是"为争取国家财政经济状况的基本好转而斗争"。他告诫说："四面出击，全国紧张，很不好。我们绝不可树敌太多，必须在一个方面有所让步，有所缓和，集中力量向另一方面进攻。我们一定要做好工作，使工人、农民、小手工业者都拥护我们，使民族资产阶级和知识分子中的绝大多数人不反对我们。这样一来，国民党残余、特务、土匪就孤立了，地主阶级就孤立了，台湾、西藏的反动派就孤立了，帝国主义在我国人民中间就孤立了。"① 也就是说，抓住了主要矛盾，其他矛盾就可迎刃而解。但是，不能抓错，抓错了就一定摔跟头。

此后，毛泽东还创出了不少"只唱一出《香山记》"的工作实例。1950 年秋到 1951 年，他的工作重心是抗美援朝战争。1954 年春，他到杭州集中精力搞新中国第一部宪法的起草工作。1955 年秋冬，他做的主要工作是推动农业合作化运动，主持编辑了《中国农村的社会主义高潮》一书，写了一百多条按语。1956 年春，他用 43 天的时间连续听取了 35 个国家部委的工作汇报，在此基础上撰写了《论十大关系》。1957 年春，他重点关注的是在社会主义条件下如何正确处理人民内部矛盾。1958 年冬到 1959 年上半年，他集中思考和解决已发现的"大跃进"运动中"左"的错误问题。

正是这个时候，毛泽东对抓"中心工作"的方法又从另一个方面作了阐述。1959 年 3 月，在郑州会议上，他先是谈到了三国时袁绍决策多端寡要、瞻前顾后而最终导致失败的一些故事，接着说："我借这个故事来讲人民公社党委书记以及县委书记、地委书记，要告诉他们，不要多端寡要。""端可以多，但是要抓住要点，一个时候有一个时候的要点。这是个方法问题。这个方法

---

① 《毛泽东文集》第 6 卷，人民出版社 1999 年版，第 75—76 页。

不解决，每天在混混沌沌之中，叫做什么没有功劳也有苦劳，什么辛辛苦苦的官僚主义。"① 稍后，他与新华社社长吴冷西谈话时又讲道："有些人是书生，最大的缺点是多谋寡断。要反对多端寡要，没有要点，言不及义。要一下子看到问题所在。"所谓"多端寡要"，就是眉毛胡子一把抓，分不清轻重缓急，力求面面俱到，什么事情都想做，结果无一做好。

工作要做好，就要分清主次，重点突出。1959 年 4 月 5 日，在八届七中全会上，毛泽东一开始就强调，"别的事我不讲，只讲工作方法，现在的中心问题是工作方法，要会做工作"。然后，他一口气讲了十几条。其中说道：搞经济计划，要有重点，有重点就有政策。没有重点，平均分配，就无所谓政策。这是很好的经验，跟我们历来搞政治、搞军事相适合。总要有重点，一个时期总要搞个重点嘛。打张辉瓒就打张辉瓒，别的敌人放弃，搞点小游击队去牵制。② 1961 年 3 月，他在广州中央工作会议上再次说："今后不要搞那么多文件，要适当压缩。不要想在一个文件里什么问题都讲。为了

---

① 《毛泽东年谱（1949—1976）》第 3 卷，中央文献出版社 2013 年版，第 617 页。

② 陈晋：《从毛泽东的几件往事解读几种领导方法》，《理论视野》2010 年第 5 期。

全面，什么问题都讲，结果就是不解决问题。"① 这就是说，制定政策如果没有明确的指向，如果求全求多，没有"重点"，就得不到有效执行。

集中时间和精力抓关键的紧要的事，即使对待日常工作，毛泽东也主张这样做。比如批阅文件，1973年，他对一位省委书记说，要多读书，对方则回答文件太多，没有时间。毛泽东饶有趣味地讲道：文件要分主次，看主要的，无关紧要的、与你毫无关系的你就跟着别人画圈好了。其实很多文件，本来是来自下面的第一手材料，很值得一看。可是到了上面已经经过几道关口的修饰了，面目全非，也就没有太大意思了。有的文件，头几页你就别看，没意思，就看中间是什么内容就行了。要是让你批，让你拿主意的文件，就要认真对待了。

干工作要抓重点。习近平在浙江工作时就讲过：一个高明的领导，要讲究领导艺术，知关节，得要领，举重若轻。党的十八大以后，他更是反复强调了这一方法，告诫领导者，要善于抓牛鼻子，不能"眉毛胡子一把抓"，必须握好方向盘，清晰掌握目标要求和重点；

---

① 《毛泽东年谱（1949—1976）》第4卷，中央文献出版社2013年版，第549页。

善于抓住问题的本质和关键，致力于找"病灶"，抓"要害"。有些人干工作不可谓不卖力，甚至三更灯火五更鸡，但是干不到点子上，就往往事倍功半，穷于应付，而如果抓住根本问题，就会做到像毛泽东说的那样：不管风吹浪打，胜似闲庭信步。

二、"十个指头都动作"

抓住主要矛盾和中心工作，并不是说其他矛盾和工作就可以不管了。毛泽东说："看事物应该是两点论；同时，一点里面又有两点。""香花与毒草齐放，落霞与孤鹜齐飞。"① 就是说不能只看到"香花"，也不能只看到"毒草"，要眼观六路，耳听八方。落实到做法上，毛泽东提倡要学会"弹钢琴"。

他说："弹钢琴要十个指头都动作，不能有的动，有的不动。但是，十个指头同时都按下去，那也不成调子。要产生好的音乐，十个指头的动作要有节奏，要互相配合。党委要抓紧中心工作，又要围绕中心工作而同时开展其他方面的工作。我们现在管的方面很多，各

---

① 《毛泽东传（1949—1976）》上，中央文献出版社 2003 年版，第 619 页。

地、各军、各部门的工作，都要照顾到，不能只注意一部分问题而把别的丢掉。凡是有问题的地方都要点一下，这个方法我们一定要学会。钢琴有人弹得好，有人弹得不好，这两种人弹出来的调子差别很大。党委的同志必须学好'弹钢琴'。"① 主要矛盾和非主要矛盾、矛盾的主要方面和非主要方面是相互联系、相互区别和相互转化的。因此，在工作方法上应该统筹兼顾。

对此，毛泽东可谓是得心应手地进行了运用。在新民主主义革命时期，毛泽东往往一方面强调中心工作是军事和打仗，另一方面又号召做好其他一切革命工作。"如果我们单单动员人民进行战争，一点别的工作也不做，能不能达到战胜敌人的目的呢？当然不能。我们要胜利，一定还要做很多的工作。领导农民的土地斗争，分土地给农民；提高农民的劳动热情，增加农业生产；保障工人的利益；建立合作社；发展对外贸易"② 。1933年8月，在中央苏区的一次经济建设工作会上，他又强调："在现在的阶段上，经济建设必须是环绕着革命战争这个中心任务的。革命战争是当前的中心任务，经济建设事业是为着它的，是环绕着它的，是服从于它的。

---

① 《毛泽东选集》第4卷，人民出版社1991年版，第1442页。
② 《毛泽东选集》第1卷，人民出版社1991年版，第136页。

那种以为经济建设已经是当前一切任务的中心，而忽视革命战争，离开革命战争去进行经济建设，同样是错误的观点。只有在国内战争完结之后，才说得上也才应该说以经济建设为一切任务的中心。"[①] 但是，不能因此而不抓好经济工作。相反，"革命战争的激烈发展，要求我们动员群众，立即开展经济战线上的运动，进行各项必要和可能的经济建设事业"[②]。

在他看来，如果认为革命战争是中心，而不去抓经济工作，甚至把搞经济工作骂为右倾，那是极端错误的。有些人口头上说一切服从战争，但不知如果取消了经济建设，这就不是服从战争，而是削弱战争。只有开展经济战线方面的工作，发展红色区域的经济，才能使革命战争得到相当的物质基础，才能扩大红军，打败敌人。当然，"中心工作"之外不只是"经济工作"，特别是随着革命力量的发展，随着毛泽东领导职务的变化，他面临的工作也越来越多，比如思想政治工作、政权工作、文化工作、教育工作、宣传工作、党的建设、统战工作、对外工作，等等。毛泽东基本上都能做到有条不紊，齐头并进，"可上九天揽月，可下五洋捉鳖"，轻松

---

① 《毛泽东选集》第 1 卷，人民出版社 1991 年版，第 123 页。
② 《毛泽东选集》第 1 卷，人民出版社 1991 年版，第 119 页。

自如。

在社会主义革命和建设时期，毛泽东对"弹钢琴"的运用，集中体现在"十大关系"的处理上：重工业和轻工业、农业的关系，沿海工业和内地工业的关系，经济建设和国防建设的关系，国家、生产单位和生产者个人的关系，中央和地方的关系，汉族和少数民族的关系，党和非党的关系，革命和反革命的关系，是非关系，中国和外国的关系。其中，最根本的一点就是告诉党的干部：干工作要做到统筹兼顾。

弹好"钢琴"，要做到胸中有"数"。钢琴有多少键，每个键能弹出什么音符，必须了如指掌。解决矛盾，要深入到矛盾中去，特别是掌握与之相关的数字。毛泽东把"胸中有数"也列为一条重要的工作方法。它的基本要求是：对情况和问题一定要注意到它们的数量方面，要有基本的数量的分析。因为任何质量都表现为一定的数量，没有数量也就没有质量。如果不懂得注意事物的数量方面，不懂得注意基本的统计、主要的百分比，不懂得注意决定事物质量的数量界限，一切都是胸中无"数"，结果就不能不犯错误。对此，马克思和列宁都曾讲过，统计是革命斗争的一种武器，到今天也可以说是干好工作的一种武器。

在运用数据方面，毛泽东可谓是一个高手，他之所以领导中国革命成功，就在于他掌握了这样几个统计数字：在中国农村，地主人口不过百分之一，富农人口不过百分之五，而贫农、中农人口则占百分之八十。一方面以百分之六的人口占有土地百分之八十，另方面以百分之八十的人口则仅占有土地百分之二十。① 从中就可以得出，要革谁的命？依靠谁来革命？到哪里去革命？由此解决了革命的一系列问题。如果不了解和注意到这些数据，他不可能得出中国革命是"无产阶级领导下的农民战争"，不可能开创出农村包围城市武装夺取政权的革命道路。

毛泽东论述问题和布置工作任务，经常运用数字来说明和佐证。在中共七大上，他强调之所以需要"资本主义的广大发展"，是因为国共力量还很悬殊，接着他即用了一组数字进行说明，"他们有一百五十万军队，我们只有九十一万军队"；"他们有两万万人口，我们只有一万万人口"。② 有意思的是，档案资料显示，蒋介石敢于发动内战，同样是基于一组数字。不过，他了解到的中共真正有战斗力的军队只有四五十万人。正是基于此，他才提出了 3 个月消灭中共的狂妄计划。内战发

---

① 《毛泽东文集》第 2 卷，人民出版社 1996 年版，第 383 页。
② 《毛泽东文集》第 3 卷，人民出版社 1996 年版，第 314 页。

生以后，毛泽东比蒋介石更高一筹的是，不在地盘上或空间上计较数量得失，而是在军队人数上注重力量翻转，他明确要求中共军队每个月至少消灭国民党军 5 个师的有生力量。在某种程度上，国共之间的较量，是一种"数"的较量，谁对"数"有精确的了解，谁能抓住各种"数"，谁就能取得胜利。

把数字运用到实际的工作中，最为典型的两个实例大概莫过于毛泽东在政治上创立的"三三制"政权和在经济上制定的"四面八方"政策。从 1940 年开始，各抗日根据地普遍建立了"三三制"政权，就是在各级政府和参议会的组成人员中，共产党员只占三分之一，左派进步分子占三分之一，中间分子和其他人士占三分之一。这极大地调动了各阶级各阶层的积极性，扩大了中共局部执政的基础。1949 年 4 月，七届二中全会后，毛泽东提出经济上要"公私兼顾、劳资两利、城乡互助、内外交流"，简称"四面八方"政策。他还强调："'四面八方'缺一面，缺一方，就是路线错误、原则的错误。"[①] 这也是他"弹钢琴"方法的具体运用。当然，毛泽东在运用数字方面也有过失误和教训。比如，1958

---

① 陶鲁笳:《毛主席教我们当省委书记》，中央文献出版社1996 年版，第 128—129 页。

年发动大炼钢铁运动，紧紧盯住"1070"万吨钢，提倡生产计划三本账，鼓励农业放高产卫星，极大损害了经济的正常发展。这说明，对于数字运用一定要慎重，切不可想当然和滥用，否则就会有害无益。

弹好钢琴，还要心中有"谱"，特别是注意细节，一个音符错了，整个曲子也就砸了。毛泽东往往给人挥斥方遒、气势磅礴的感觉，其实他是非常注重细节的。在指挥一场战斗之前，战士吃饭碗里有没有肉，他都要询问和嘱咐。1953年上半年，中美关于朝鲜问题谈判时，事前毛泽东对谈判场所、对方谈判代表的宿舍、各种用具、设备等，都要求精心布置和准备，甚至放什么点心都要过问。现在，人们常说，细节决定成败。毛泽东的成功，与其既能注意细节又能处理好细节问题不无关系。

三、坚持"两个结合"

1943年6月，毛泽东说："我们共产党人无论进行何项工作，有两个方法是必须采用的，一是一般和个别相结合，二是领导和群众相结合。"[①] 这特别体现了一种

---

① 《毛泽东选集》第3卷，人民出版社1991年版，第897页。

极具操作性的领导方略。

关于第一个"结合"，他说：任何工作任务，如果没有一般的普遍的号召，就不能动员广大群众行动起来；任何领导人员，凡不从下级个别单位的个别人员、个别事件取得具体经验者，必不能向一切单位作普遍的指导。这一方法必须普遍地提倡，使各级领导干部都能学会使用。具体做法是：工作先在面上铺开，然后再深入到点中，由面及点，再由点带面，循环往复。现在，领导同志分头去蹲点，其实，就是这个方法的一种运用，如此做来，领导者下命令、发指示，就能够接地气。

对此，毛泽东还做过两个比喻：一是走马看花，一是下马看花。他说："走马看花，不深入，因为有那么多的花嘛"①。就是领导者要多跑一些地方，广泛接触实际，了解基本的比较全面的情况。下马看花，"过细看花，分析一朵'花'，解剖一个'麻雀'"②。就是在一个点上深入下去，认真研究一些重要的、带本质性的问题。两者结合起来，就既能够了解到全面的基本情况，又能够抓住根本性的问题。

---

① 《毛泽东文集》第 7 卷，人民出版社 1999 年版，第 134 页。
② 《毛泽东文集》第 7 卷，人民出版社 1999 年版，第 134 页。

　　针对第二个"结合"，毛泽东说："只有领导骨干的积极性，而无广大群众的积极性相结合，便将成为少数人的空忙。但如果只有广大群众的积极性，而无有力的领导骨干去恰当地组织群众的积极性，则群众积极性既不可能持久，也不可能走向正确的方向和提到高级的程度。"① 因此，无论什么工作，都须采取领导骨干和广大群众相结合的方法。领导骨干带头，组织和发动群众，这是中国共产党取得成功的秘诀之一。

　　这个结合蕴含的内容十分丰富，第一点是对群众要"抓两头带中间"。他说："这是一个很好的领导方法。任何一种情况都有两头，即是有先进和落后，中间的状态又总是占多数。抓住两头就把中间带动起来了。"② 用之于实际工作，他特别注重典型或先进的引领作用。"组织干部和群众对先进经验的参观和集中地展览先进的产品和作法，是两项很好的领导方法。"③这个方法，现在领导干部仍然在普遍运用，比如各种考察活动。在毛泽东看来，典型是一种力量，树典型等于插旗帜，典型产生后，推动广大群众向这些"好样的"学习，由一到十，由点到面，就会逐渐形成一

① 《毛泽东选集》第3卷，人民出版社1991年版，第898页。
② 《毛泽东文集》第7卷，人民出版社1999年版，第349页。
③ 《毛泽东文集》第7卷，人民出版社1999年版，第349页。

种气候。

领导和群众相结合的第二点，要坚持"一来一去"。毛泽东说："从群众中来，到群众中去，想问题从群众出发就好办"①；"凡属正确的领导，必须是从群众中来，到群众中去。这就是说，将群众的意见（分散的无系统的意见）集中起来（经过研究，化为集中的系统的意见），又到群众中去作宣传解释，化为群众的意见，使群众坚持下去，见之于行动，并在群众行动中考验这些意见是否正确。然后再从群众中集中起来，再到群众中坚持下去。如此无限循环，一次比一次地更正确、更生动、更丰富。"② 这样一种"无限循环"与他在《实践论》中的一段话极其相似："实践、认识、再实践、再认识，这种形式，循环往复以至无穷，而实践和认识之每一循环的内容，都比较地进到了高一级的程度。"③ 显然，"从群众中来，到群众中去"，是毛泽东把他所理解的辩证唯物主义认识论运用到实际工作而产生的方法论。

毛泽东还说过："领导者并没有什么了不起的本事，

① 《毛泽东文集》第 3 卷，人民出版社 1996 年版，第 71 页。
② 《毛泽东选集》第 3 卷，人民出版社 1991 年版，第 899 页。
③ 《毛泽东选集》第 1 卷，人民出版社 1991 年版，第 296—297 页。

他的责任就在于替人民群众当传达员，把大家的意见和反映的情况加以分析、研究和总结，作出正确的决定。然后，又将党委的决定传达到群众中去加以贯彻执行。"从群众中来，可以理解为制定政策的过程；到群众中去，则可以理解为贯彻执行的过程。所以，"从群众中来，到群众中去"，既是决策的方法，又是执行的方法。坚持这一方法，就要反对"从机关中来、到机关里去"。毛泽东说："在机关里面是搞不清楚的。越是上层越没东西。要解决问题，一定要自己下去，或者是请下面的人上来。"①领导活动的路径应该是：当学生，当先生，当领导者。

从群众中来，就是做群众的学生，向群众学习。毛泽东说，在人民中间，有成千上万的诸葛亮，我们要有承认自己无知的勇气，下决心向他们学习。"群众是真正的英雄，而我们自己则往往是幼稚可笑的，不了解这一点，就不能得到起码的知识。"②所以，他曾提出，"向工人学，向农民学，向知识分子学。还要向资本家学，就是研究资本家如何剥削的一套；还要向土豪劣绅学习，他们的鬼鬼怪怪要研究一下，他们为什么能富，

---

① 转引自杨宪福：《毛泽东领导理论与实践》，山东大学出版社2017年版，第124页。

② 《毛泽东选集》第3卷，人民出版社1991年版，第790页。

为什么能讨小老婆"①。这就是说作为领导者,既要了解服务的对象,又要了解改造或整治的对象,做到知己知彼。

到群众中去,就是要做群众的先生,引导群众。毛泽东说,领导机关和领导者,"就制定路线、方针、政策和办法这一方面说来,只是一个加工工厂"②。把从老百姓处学来的东西进行加工后,再去教老百姓,不断地教老百姓。要把心打通,不要架子。要说到舌头烂、嗓子干,所谓"诲人不倦",就是"当先生不打盹睡"。党员干部要"善于把党的政策变为群众的自觉行动"。这一点,说起来容易,做起来难。有很多问题,特别是一些群体性事件,恰恰就出现在这个环节上。比如,在一个地区上一个化工项目,本来根据已掌握的技术,污染已经不成问题了。但是,老百姓并不了解,也更谈不上理解。由于解释工作不到家、不到位,不少地方最终把好事办成了坏事。

领导和群众相结合的第四点,要了解群众的心理和需要,要知道群众想什么、需要什么。抓人心,最根本的就是抓人的需要,特别是物质需要。毛泽东认为,领

---

① 毛泽东:《当学生,当先生,当战争领导者》,《党的文献》2013年第6期。

② 《毛泽东著作选读》下册,人民出版社1986年版,第819页。

导者要想让被领导者跟着前进，必须给以物质福利，否则，就不能实现领导。马克思说过，思想一旦离开"利益"，就一定会使自己出丑。毛泽东深刻地领会了这一点。1942 年 12 月，他更明确地说：一切空话都是无用的，必须给人民以看得见的物质福利。共产党并不是向人民要东西，而是给人民以东西。

那么，给人民什么呢？人民需要什么呢？当时，对于广大农民来说，最需要的就是减轻负担和获得土地。这里，可以通观一下党在各个历史时期的土地政策：土地革命战争时期——没收地主土地分给农民（一切土地归苏维埃；曾经实行地主不分田，富农分坏田）；抗日战争时期——减租减息；解放战争时期——废除封建性及半封建性剥削的土地制度，实行耕者有其田的制度。正是紧紧抓住了土地问题，党才能把农民团结在自己身边。1938 年 6 月，他向人说：政治问题，主要是对人民的态度，只要给他们谋利益，和他们打成一片，他们自然相信你，支持你，拥护你。而国民党恰是在这一点上失去了民心。

可以举两个毛泽东亲自为群众谋利益、过问百姓疾苦的例子。1934 年，他曾说，要解决群众的生产和生活的一切问题，包括盐的问题，米的问题，房子的问题，衣的问题，生小孩子的问题。他自己正是这样做的。

　　1944 年的一天，担任中共延安市委书记的张汉武，忽然接到中央办公厅的通知说：毛泽东有急事找他。他想，一定是什么大事，于是风风火火地赶到毛泽东的住处。谁知毛泽东问他是否知道侯家沟有两个村庄的妇女不生孩子。张汉武回答说，是有这么一回事，但弄不清是什么原因。毛泽东思索以后说：是不是水有问题？请中央医院的人把水验一下好不好？张汉武回答，好是好，只怕这种小事医院不肯干。一听这话，毛泽东严肃地说了一句非常著名的话：对于共产党人来说，人民的疾苦绝非小事！为此他亲自作了安排。经化验，果然发现饮水中含有大量影响生育的有害物质。随后医院人员对饮水作了无害处理，并帮群众治病，终于使这两个村庄传出了婴儿的啼哭声。

　　1947 年 3 月，毛泽东乘吉普车去西柏坡途中，经过一道大山沟时，看到一个八九岁的女孩躺在路边，奄奄一息，旁边坐着一个 30 多岁的妇女，两眼流泪。毛泽东立即下车，大步走到孩子身边问："孩子怎么啦？"妇女说："病了，烧得说胡话，只剩一口气了。"毛泽东马上命令随身医生给孩子看病。医生看后，毛泽东问："有救吗？"医生说："有救，可是要用盘尼西林，只剩最后一支了！用了，你今后就没有了！"毛泽东说："那也得用！"最后，孩子的生命得救了。这可谓是"去民之患，如除腹心之疾"；"闻其饥寒为之哀，见其劳苦为之悲"。然而，更多的一般百姓，可能并没有这对母女幸运。领导者爱民，不在于以己之力解决某个人某些人的问题，而在于解决所在区域的全部黎民百姓的问题。因而，这需要常规的制度性保障。后来毛泽东多次感慨地说，吃了农民种的粮，就该为农民治病，要想个法子让医生到农村去。改革开放前，农村比较普遍的赤脚医生成为中国的一大发明，应该就是发源于毛泽东的这种想法。

深入来看，"两个结合"的方法是毛泽东把唯物辩证法运用于实际工作的体现。一般与个别相结合，主要是对"事"来说的；领导与群众相结合主要是对"人"来说的。领导工作说到底就是"以人谋事"。对此，毛泽东还说过：一般情况下，"自上而下的多，自下而上的少；从领导到群众的多，从群众中集中起来的少；一般号召多，个别指导少"①。这是要警惕的。他还说："我们跟蒋介石和日本一共打了二十二年，主要一条经验是，要同群众结合起来。什么时候跟群众合作得好，我们就得到发展；什么时候脱离群众，我们就犯错

① 《毛泽东年谱（1949—1976）》第 5 卷，中央文献出版社 2013 年版，第 538 页。

误，就失败。"①由此就可以更好地理解：为什么十八大后中共中央要进行群众路线教育实践活动，为什么十九大以后开展"不忘初心、牢记使命"主题教育活动，并在十九届四中全会上决定把它作为一种制度建立起来。

四、"抓紧"与"力戒骄傲"

干工作，要抓得起，抓得紧。抓得起，是指抓全局，需要有一种大的能力，通常叫作有魄力。毛泽东说，有些人对于某些事，不是没有看到，甚至著书立说，长篇大论。至于做，他就抓不起来了，或者抓了片段面，忘了全面。说到抓，既要抓得起，又要抓得对、抓得紧。抓不起，等于不抓。抓不对，就要坏事。抓得不紧，也等于不抓。什么东西只有抓得很紧，毫不放松，才能抓住。"伸着巴掌，当然什么也抓不住。就是把手握起来，但是不握紧，样子像抓，还是抓不住东西。我们有些同志，也抓主要工作，但是抓而不紧，所以工作还是不能做好。"②不抓不行，抓而不紧也不行。

有人回忆，毛泽东"看准的事情，一旦下决心要

① 《毛泽东年谱（1949—1976）》第 5 卷，中央文献出版社 2013 年版，第 210 页。

② 《毛泽东选集》第 4 卷，人民出版社 1991 年版，第 1442 页。

抓，就抓得很紧很紧，一抓到底，从不虎头蛇尾，从不走过场"。新中国成立后，王任重的一则日记记述了这样一个工作实例："这两天，主席写了三封信，申述了他的主张，要各省开六级干部大会，看来，主席抓得很紧。"① 紧紧盯住执行过程，不见成效不放手，就要"随时掌握工作进程，交流经验"；发现了错误，"随时纠正"；"随时提醒下面，使之少犯错误"。这就是说，不能把工作布置下去就不管了，像习近平所批评的当"甩手掌柜"，而是"一分部署，九分落实"。抓落实，要抓铁有痕，踏石留印。

工作抓紧，就容易出成效。有了成效之后，则容易骄傲。毛泽东说，干工作要力戒骄傲。特别是"不能看不起人。鹅蛋看不起鸡蛋，黑色金属看不起稀有金属，这种看不起人的态度是不科学的"②。八仙过海，各显神通，有时候过海之后才知道谁是真正的高手。谦虚谨慎，"这对领导者是一个原则问题，就是没有犯过大错误，而且工作有了很大成绩的人，也不要骄傲"③。因为

---

① 《毛泽东传（1949—1976）》下，中央文献出版社 2003 年版，第 921 页。

② 《毛泽东年谱（1949—1976）》第 2 卷，中央文献出版社 2013 年版，第 150 页。

③ 《毛泽东选集》第 4 卷，人民出版社 1991 年版，第 1443 页。

一骄傲就容易犯错误，容易无视纪律，容易不把上级放在眼里。那么，犯了错误，出了问题，成绩再大，都可能一笔勾销了。古人云："事者，生于虑，成于务，失于傲"，就是这个道理。

出主意、用干部、干工作，这三点既可以看作领导者工作的三个方面，也可以看作富有逻辑的三个环节。领导活动就是这三者不断地循环往复，一次比一次更正确，一次比一次更高级。换个角度来看，出主意最终需要的是决策力，用干部最终需要的是影响力，干工作最终需要的则是执行力，这三者结合起来，就会形成领导力。

出主意、用干部、干工作，是三位一体的有机结合，集中体现了毛泽东的领导方略。但是，三者的地位又是不同的，其中最重要的是出主意。毛泽东最看重的也是这一点。用干部和干工作都是为了实现主意。比如，表现在用干部上，他基本上不以好恶用干部，喜欢的未必用，不喜欢的未必不用，一切以能贯彻主意为第一。在一定的时候，干工作又是目标，出主意和用干部都是为了干好工作，并且通过干工作才能出更好的主意。无论什么情况下，干部、人才是领导活动的载体，主意要依靠干部去实行，工作也主要依靠干部去干，领导之所以称为领导，既领且导，主要表现在对干部的发现、任用、管理和带领上。

第六章　毛泽东的"谋"和"断"

在中国共产党的政治生活中，讲得最多的可能莫过于"民主集中制"这个词语了。实际上它不是一种具体的制度，而是一种建构制度的原则，几乎贯穿在所有的制度之中，任何一项制度都包含实行民主集中制的规定。中国共产党的权力就是按照民主集中的组织原则和制度设计来运行的。毛泽东曾用"多谋善断"来解释民主集中制。多谋，即是民主；善断，即是集中。领导方略最主要的两个内容就是"谋"和"断"。

一、"多谋善断"

1937 年 10 月，毛泽东向英国记者贝特兰谈到，共产党提出的"政府的组织形式是民主集中制，它是民主的，又是集中的"①。贝特兰追问："民主集中"在名词上

---

① 《毛泽东选集》第 2 卷，人民出版社 1991 年版，第 383 页。

不是矛盾的东西吗？毛泽东回答：应当不但看名词，而且看实际。民主和集中之间，并没有不可越过的深沟，对于中国，二者都是必需的。一方面，我们所要求的政府，必须是能够真正代表民意的政府；这个政府一定要有全中国广大人民群众的支持和拥护，人民也一定要能够自由地去支持政府和有一切机会去影响政府的政策。这就是民主制的意义。另一方面，行政权力的集中化是必要的；当人民要求的政策一经通过民意机关而交付于自己选举的政府的时候，即由政府去执行，只要执行时不违背曾经民意通过的方针，其执行必能顺利无阻。这就是集中制的意义。只有采取民主集中制，政府的力量才特别强大。这样一种辩证关系，可以说是一种理想的目标。毛泽东后来更加鼓舞人心地指出："我们的目标，是想造成一个又有集中又有民主，又有纪律又有自由，又有统一意志，又有个人心情舒畅、生动活泼，那样一种政治局面。"① 然而，这样一种目标真正实行起来并不容易，既需要领导者有很高的智慧，又需要相应的制度保证。长期以来，中国共产党对这样一种政治局面，既在追求着，又在实践着，同时还在总结着，一旦发现没

① 《建国以来毛泽东文稿》第6册，中央文献出版社1992年版，第543页。

有做到"双又",或者发生明显的偏向,就会从各种角度予以纠正。

1948 年,毛泽东发现少数地方出现了书记专断的现象,所以特地代中央起草了《关于健全党委制的决定》,强调从中央局至地委,从前委至旅委以及军区、政府党组、民众团体党组、通讯社和报社党组,都必须建立健全的党委会议制度,亦即强调"民主决策"。在七届二中全会上他又专门讲了《党委会的工作方法》,其中最主要的方法是坚持民主集中制,一、二、三、四、十条,讲的都是这个问题。而集中讲得少,民主讲得多。毛泽东后来还讲到,民主集中制是一种制度,也是一种方法。"这个方法是一个什么方法呢? 是一个民主集中制的方法,是一个群众路线的方法。先民主,后集中,从群众中来,到群众中去,领导同群众相结合。""没有民主就没有集中。""没有民主,不可能有正确的集中。"[1]尽管认识和追求上如此清楚和明确,但是真正放到工作中实际来做仍然很难,毛泽东晚年在二者的关系上明显失之偏颇,甚至把"民主集中制"变成了"家长制"。

---

[1] 《毛泽东著作选读》下册,人民出版社 1986 年版,第 816、819 页。

对毛泽东和中共中央关于民主集中制的实行情况，邓小平有一个整体性的评价："从遵义会议到社会主义改造时期，党中央和毛泽东同志一直比较注意实行集体领导，实行民主集中制，党内民主生活比较正常。可惜，这些好的传统没有坚持下来，也没有形成严格的完善的制度。"① 特别是 1956 年以后，毛泽东"没有把过去良好的作风，比如说民主集中制、群众路线，很好地贯彻下去，没有制定也没有形成良好的制度。这不仅是毛泽东同志本人的缺点，我们这些老一辈的革命家，包括我，也是有责任的。我们党的政治生活、国家的政治生活有些不正常了，家长制或家长作风发展起来了，颂扬个人的东西多了，整个政治生活不那么健康，以至最后导致了'文化大革命'"②。这在某种程度上也恰恰证明了毛泽东在七千人大会上的先见之明："如果搞得不好，特别是民主集中制执行得不好，党是可以变质的，国家也是可以变质的，社会主义也是可以变质的。干部可以变质，个人也可以变质。"③

邓小平总结的"文革"的一个沉痛教训就是，"民主集中制没有真正实行，离开民主讲集中，民主太

---

① 《邓小平文选》第 2 卷，人民出版社 1994 年版，第 330 页。
② 《邓小平文选》第 2 卷，人民出版社 1994 年版，第 345 页。
③ 《邓小平文选》第 1 卷，人民出版社 1994 年版，第 303 页。

少"①。基于此，改革开放之初，他就专门阐明了民主和集中的对立统一关系："我们实行的是民主集中制，这就是民主基础上的集中和集中指导下的民主相结合。"②从历史上看，中共吃缺乏民主的亏多，吃缺乏集中的亏少。所以，邓小平特别指出："民主集中制的中心是民主"。这是历经成功和失误以后对民主集中制极其透彻的理解和说明，也是对全党的一种鲜明的告诫。改革开放以来，中共中央一直非常重视并致力于使集中充分建立在民主的基础之上。

对于民主与集中的辩证关系，习近平早在《之江新语》中就讲到过。他说，由于人们观察问题的视角不同，个人阅历和知识结构不一，认识事物的能力和水平不尽相同，在讨论问题、作出决策时自然会见仁见智，发出"多种声音"。让这"多种声音"表现出来，发挥作用，就是民主；把这"多种声音"协调为"一首乐曲"就是集中。这是对民主集中关系的一种形象阐释。每个领导者，不但要会"弹钢琴"，而且更要会做"指挥"。习近平还指出，一个手掌，摊开是"多个指头"，握紧是"一个拳头"，班子的团结就好比"指头"和"拳头"

---

① 《邓小平文选》第 2 卷，人民出版社 1994 年版，第 144 页。

② 《邓小平文选》第 2 卷，人民出版社 1994 年版，第 175 页。

的关系。一把手只是其中一个"指头"，充其量是"大拇指"。多个"指头"用力，就是民主；握成"拳头"就是集中。民主与集中的关系，在这两个有意思的比喻中跃然纸上。

现实生活中，每一个事物内部都存在着诸多矛盾，但在众多的矛盾中必然有一个是主要的。坚持民主集中制这一方法，既要坚持两点论，又要坚持重点论。运用得好不好关键就在于能否正确地集中，即民主地集中。2013年9月，习近平在参加河北省委常委班子专题民主生活会的讲话中指出，有的一把手只讲集中不讲民主，习惯于逢事先定调，重大问题不经班子成员充分酝酿和讨论就拍板，甚至对多数人的意见也置之不理。当然，另一情形也存在：有的领导干部个人主义、本位主义思想严重，只讲民主不讲集中，班子讨论问题时没有采纳自己的意见就很不高兴，或者脑袋长在屁股上，为了自己的那点权力争得不可开交。在这两种情形中，前者表现得更为明显和普遍。"贯彻民主集中制，民主不够、集中不够的问题都存在，但从各级领导班子看，主要还是民主不够，主要领导干部我行我素、独断专行的现象较为普遍。"他强调，权力过分集中于个人或少数人手里，多数办事的人无权决定，少数有权的人负担过重，必然造成官僚主义，必然要犯各种错误，必然要损害各级党和政府的民主生活、集体领导。从党的十八大以来查办的违纪违法案件看，大多涉案人员都在担任一把手期间，践踏民主集中制，搞"家长制""一言堂"，处心积虑树立所谓"绝对权威"。因此，完善民主集中制，主要是在完善集中上下功夫，也就是使集中更好地建立在民主的基础上。

民主集中制的实际运用，与职务高低、权力大小是有密切关系的。"民主集中制贯彻得怎么样，关键看高级干部做得怎么样。"各层级的一把手尤其"关键"。2013年，在全国组织工作会议上，习近平指出："执行民主集中制，一把手以身作则很关键。要把一把手带头执行民主集中制作为加强领导班子思想政治建设的重要内容，推动各级一把手自觉坚持集体领导，带头发扬党内民主，严格按程序办事、按规矩办事，坚决反对和防止个人或少数人专断。"① 在同中央党校县委书记研修班学员座谈时他也特别告诫说："县委书记是一班之长，要带头执行民主集中制，不把'班长'当成'家长'。"② 掌握权力，又慎用权力，这确是对一把手的一

---

① 《十八大以来重要文献选编》上，中央文献出版社 2014 年版，第 353 页。

② 习近平：《做焦裕禄式的县委书记》，中央文献出版社 2015 年版，第 10 页。

种考验。

习近平在十九大报告中再次强调："完善和落实民主集中制的各项制度，坚持民主基础上的集中和集中指导下的民主相结合，既充分发扬民主，又善于集中统一。"这是对十八大以来全面从严治党在制度建设上的一种新的经验总结。其中有两个方面的重要内容：一、正确把握民主与集中的对立统一关系，二、关键是民主集中制要见之于行，落实在各项制度中。这一对矛盾把握得好不好，关键还要在实践中检验。从党的历史上看，这一方法运用得好，党的事业就顺利发展，否则就会遭遇挫折和失败。民主集中制既是马克思主义方法论的一个根本要求，又是被党的实践所证明了的一种行之有效的权力运行的方法。问题是如何保证它经常性地正确地运用于实践。习近平对它的一个重大推进就是在制度上做文章。把"知"融于制度，以制度来保证"行"。其实，制度就是"实践"的固化和恒化。

从一个长时空看，习近平对中国共产党的民主集中制又做了进一步发展，其中不乏对毛泽东领导方略的汲取。首先，高度强调它的重要性，认为"民主集中制是我们党的根本组织制度和领导制度，它正确规范了党内政治生活、处理党内关系的基本准则，是反映、体现全党同志和全国人民利益与愿望，保证党的路线方针政策正确制定和执行的科学的合理的有效率的制度。因此，这是我们党最大的制度优势"①。中共是按民主集中制组织起来的，也是按民主集中来发挥领导作用，即行使权力的，由此成为治国理政最大的制度优势。其次，坚持两点论，完善民主集中制：一是善于发扬民主，二是善于进行集中。同时，又要坚持重点论，高度重视集中的正确与否，特别是要抓集中的主体一把手，限制他集中的权力，提高他善于集中的素养和能力。再次，一个鲜明的特点是全面立体地来推行民主集中制，使它充分地体现在党的组织运行、政治生活和制度建设之中，并日益起着支柱的作用。其中，一方面突出主体的能动性，反复强调各级党组织和各级领导干部要善于运用这样一个行之有效的方法，并把它作为选拔、考核和提拔干部的一个标准；另一方面又突出客体的约束性，把民主集中制融入各种制度建设之中，使它成为不得不遵守的规范，任何人越过它，寸步难行。相比而言，体现于各种制度的民主集中制更为可靠。所以，习近平指出："全面推进党的政治建设、思想建设、组织建设、作风建设、纪律建设，把制度建设贯穿其中。"而制度建设的

---

① 《十七大以来重要文献选编》下，中央文献出版社 2013 年版，第 1023 页。

核心就是民主集中制。显然，这是实现新时代党的建设总目标的一个最重要的支撑，也是一种体现全局和长远的领导方略。

二、"谋之在众"

明代改革家张居正曾言，为政用权，"谋之在众，断之在独"。这十分有助于理解中国共产党的民主集中制。毛泽东多次谈到三国时曹操的谋士郭嘉给曹操出了很多好主意，如打吕布、打袁绍、打袁绍的儿子袁谭和袁尚，都取得胜利。曹操称赞他："平定天下，谋功为高。"可惜他38岁就死了。赤壁之战时，曹操想到他，说这个人在，不会使我处于这种困难境地。《三国志·郭嘉传》值得一看。1959年3月，在第二次郑州会议上，毛泽东再次讲到："多谋善断，这句话重点在'谋'字上。要多谋，少谋是不行的。要与各方面去商量，反对少谋武断。商量又少，又武断，那事情就办不好。谋是基础，只有多谋，才能善断。"[①]

"谋之在众"，"多谋"，用现在的话语讲，就是发扬

――――――――――

① 薄一波：《回忆片段——记毛泽东同志二三事》，《人民日报》1981年12月26日。

民主。在中共的权力运行中，少数服从多数原则，特别
能体现这一点。即便是党委会的书记也要服从这个原
则。"党的委员会有一二十个人，像军队的一个班，书
记好比是'班长'。"① 但是，这个"班长"不同于军队
的班长，最大的不同是要坚持民主的原则。书记要当
好"班长"，即是要善于发挥各委员的作用，加强集体
领导。正如毛泽东在七大上曾说的："一个人搞不完全，
要依靠大家来搞，这就是我们党的领导方法。"② 1948 年
9 月，他指出："党委制是保证集体领导、防止个人包办
的党的重要制度。近查有些（当然不是一切）领导机
关，个人包办和个人解决重要问题的习气甚为浓厚。重
要问题的解决，不是由党委会议做决定，而是由个人做
决定，党委委员等于虚设。委员间意见分歧的事亦无由
解决，并且听任这些分歧长期地不加解决。党委委员间
所保持的只是形式上的一致，而不是实质上的一致。此
种情形必须加以改变。"③ 这说明民主集中制的实行很容
易发生偏颇，一把手需要时刻注意个人不能凌驾于集体
之上。

　　实际上，党委会设立的根本目的就是防止个人说了

---

① 《毛泽东选集》第 4 卷，人民出版社 1991 年版，第 1440 页。
② 《毛泽东文集》第 3 卷，人民出版社 1996 年版，第 398 页。
③ 《毛泽东选集》第 4 卷，人民出版社 1991 年版，第 1340 页。

算。后来，毛泽东曾更加尖锐地批评过党委领导中的个人独断："听说现在有一些省委、地委、县委，有这样的情况：一切事情，第一书记一个人说了就算数。这是很错误的。哪有一个人说了就算数的道理呢？我这是指的大事，不是指有了决议之后的日常工作。"① 只要是大事，就得集体讨论，如果不是这样，就是一人称霸。"这样的第一书记，应当叫做霸王，不是民主集中制的'班长'。"② 集体决策，然后分工负责，是党委会工作的根本原则和基本程序。

容纳和接受不同意见，是发扬民主的一个重要表现。毛泽东说："我们都是从五湖四海汇集拢来的，我们不仅要善于团结和自己意见相同的同志，而且要善于团结和自己意见不同的同志一道工作。"③ 领导机关和领导人物要不犯错误，关键是要善于听取和采纳各方面意见特别是反对意见。为了让领导干部明白这一点，他多次引用历史故事加以阐发。1962 年 1 月，他在扩大的中央工作会议上说：刘邦，"就是汉高祖，他比较能够采纳各种不同的意见"。比如，采纳了郦食其夺取陈留县的意见；听张良劝说，封韩信为齐王；楚汉

① 《毛泽东著作选读》下册，人民出版社 1986 年版，第 820 页。
② 《毛泽东文集》第 8 卷，人民出版社 1999 年版，第 295 页。
③ 《毛泽东选集》第 4 卷，人民出版社 1991 年版，第 1443 页。

划界鸿沟后，听张良、陈平之劝，趁机追击引兵东向的项羽；称帝后欲建都洛阳，听刘敬建议，入都关中长安。刘邦能够作出这些正确的决策，与他善于采纳不同的意见密切相关。相反，项羽失败，就是由于他"不爱听别人的不同意见"，"他那里有个范增，给他出过些主意，可是项羽不听范增的话"[1]。1963年1月，他还专门批示将《史记》中的《项羽本纪》"送各同志一阅"[2]。自然，毛泽东希望领导干部吸取项羽的教训，向刘邦学习"豁达大度，从谏如流"。领导者如果对"不同意见"无动于衷，就等于失去了鉴戒之镜，迟早会犯错误。

在中共八届七中全会上，毛泽东批评有些领导，根本不同人家商量，不大愿意听不同的意见，只愿听相同的意见。与相同的意见谋得多，与相反的意见谋得少。"要多谋。什么叫多谋呢？你听听人家不同的意见嘛。"[3]他形象地说，如果有人提出不同意见，你就"谋他一谋"。对此，毛泽东有很多以身作则的例子。1948

---

① 《毛泽东文集》第8卷，人民出版社1999年版，第295页。

② 《建国以来毛泽东文稿》第10册，中央文献出版社1996年版，第238页。

③ 《毛泽东年谱（1949—1976）》第4卷，中央文献出版社2013年版，第8页。

年，当粟裕对中央军委已经决定的"渡江作战方案"提出不同意见时，毛泽东专门请他去说明，最后采纳了他的意见。1949年，当毛泽东主持新中国国旗方案的讨论时，本来他已经对另一种方案有了一定的倾向，但是，当听到张治中的意见后，又重新组织讨论，集合群智共识，最终确定了五星红旗方案。

在毛泽东心目中，集体决策、分工负责是党委会工作的一个根本原则，也是党委会制度的核心内容。中国共产党章程规定：党的各级委员会实行集体领导和个人分工负责相结合的制度。凡属重大问题都要按照集体领导、民主集中、个别酝酿、会议决定的原则，由党的委员会集体讨论，作出决定；委员会成员要根据集体的决定和分工，切实履行自己的职责。党委会是一个领导集体，这个集体必须团结和谐。尤其是书记、副书记要注意向自己的"一班人"做宣传工作和组织工作，处理好自己和委员之间的关系。"班长"和委员之间要能互相谅解，"书记和委员，中央和各中央局，各中央局和区党委之间的谅解、支援和友谊，比什么都重要"①。日常工作中，"党委各委员之间要把彼此知道的情况互相通知、互相交流。这对于取得共同

---

① 《毛泽东著作选读》下册，人民出版社1986年版，第669页。

的语言是很重要的。有些人不是这样做，而是像老子说的'鸡犬之声相闻，老死不相往来'，结果彼此之间就缺乏共同的语言"①。对此，毛泽东又称为"通气"，上下左右，左邻右舍，上上下下，都要通气。党委委员互相商量通气，与书记要通气。"通气有好处，不通气怎么了解情况？怎么指导工作？我讲这个问题讲了一百次，不通气不好，不要把问题独立起来，不要使人不摸底。"通过实现思想认识的一致、情感的一致，来实现行动的一致。彼此尊重、密切协作、个别商谈、随时沟通、步调一致，既是党委会工作的要求，又是实现集体领导的必要途径，也是善于发扬民主的重要体现。

领导者有权力，但不一定有权威。要有权威，就要保持决策正确或多数情况下正确，至少不能经常出现失误。做到这一点，就要善于向下级学习，多听下级人员的意见。先经过自下而上，然后才自上而下，这是中国共产党一贯提倡并坚持的权力运行轨道，也是中共处理中央和地方关系的一种方法。毛泽东明确地讲过："中央领导之所以正确，主要是由于综合了各地供给的材料、报告和正确的意见。如果各地不来材料，不提意

---

① 《毛泽东选集》第 4 卷，人民出版社 1991 年版，第 1441 页。

见，中央就很难正确地发号施令。"① 不过，一些人，特别是一些外人，只看到中共的"自上而下"，也就难以理解中共的举措为什么总是"能行得通"。

毛泽东所讲的这些"民主的方法"，大都体现在其所著的《党委会的工作方法》中。

2016 年 2 月，习近平曾就学习这篇著作专门"作出重要批示，对各级党委（党组）领导班子成员特别是主要负责同志重温这篇著作提出明确要求"。中共中央组织部印发的学习《通知》指出，各级党委（党组）领导班子要通过学习这篇著作，"切实提高贯彻执行民主集中制自觉性"。重点强调"主要负责同志"，是因为其具有"集中"的权力。"集中"能否"民主"，往往决定着"集中"的正确与否。习近平指出，党的十八大以来，党中央各项决策都注重充分发扬党内民主，都是经过深入调查研究、广泛听取各方面意见、进行反复讨论而形成的。要把我们这样一个大党大国治理好，就要掌握方方面面的情况，这就要靠发扬党内民主而来，靠各级党组织和广大党员、干部广泛听取民声、汇聚民意而来。领导干部要把民主素养作为一种领导能力来培养，作为

---

① 《毛泽东选集》第 4 卷，人民出版社 1991 年版，第 1441—1442 页。

一门领导艺术来掌握。

2019 年印发的《中共中央关于加强党的政治建设的意见》又再次强调，要善于运用民主的办法汇集意见、科学决策，善于通过协商的方式增进共识、凝聚力量。贯彻这一点，就要按《意见》所指出的：坚持群众路线这一"基本领导方法"，不断增强群众工作本领，大兴调查研究之风，改进和创新联系群众的途径方法，坚持走好网上群众路线，汇集民智民力。习近平曾讲过："调查研究是谋事之基、成事之道。没有调查，就没有发言权，更没有决策权"①。不调研不决策，先调研后决策。若落实在制度安排上，可作一专门的规定，即在重大决策之前，每一个党委会或党组成员，都要先去进行深入细致的调查研究，并写出书面调查报告，然后再开会讨论。

发扬民主，要突出个人分工负责。比如，在党委会讨论问题时明确规定，每个人的发言都要记录在案，从而可使追责或免责有据可查。在此基础上，可以加强和扩展无记名投票民主表决制度，即使是书记或"班长"也只有一票，不能把自己的意见强加于人。十九大强

---

① 《习近平关于全面深化改革论述摘编》，中央文献出版社 2014 年版，第 37—38 页。

调的"党领导一切",不是党委会的书记领导一切,而是党的委员会领导一切。正如2015年习近平在与中央党校县委书记研修班学员座谈时所讲的:书记作为"班长",不是"家长"。"要善于把党委一班人、几大家班子和各级干部智慧集中起来,做到总揽不包揽、分工不分家、放手不撒手。"

发扬民主,科学决策,可进一步加强智库建设。据有关人士统计,目前中国已是世界第二智库大国,拥有智库400多家。其中,主要是国家级和省一级的智库。今后,可以探讨制度性规定,即各级党的委员会在重大决策之前,先委托某个智库或组建一个专家委员会对相关问题进行论证,并提出研究报告和明确意见,以供党委会讨论表决。国家治理现代化的一个重要标志是专家治理。党委领导一切,不可能对"一切"都精通。那么,引入专家参与决策是"多谋"的一种时代创新。

总的来看,中国共产党权力的行使首先是依靠众人来"谋",民主在前,集中在后。集中的根本要求在于实行广泛的充分的民主。只有真正有效地发扬了民主,才能通向正确的集中,也就是正确地使用权力。除了制度建设之外,坚持和完善民主集中制,还要加强教育培训,使各级领导干部都形成民主集中制的观念、养成民主集中的作风、具备运用民主集中制的能力。同时,更要创新方式方法接受监督，包括党内监督和人民监督。接受监督的一个目的就是要让民主集中制更好地运行，而让违反民主集中制的人受到惩戒。随着党的建设的不断创新，民主集中制的优势将会更加凸显：既能实行充分民主，又具有效率，还能预防颠覆性错误。

三、"断之在独"

作为领导机关和领导者，"多谋"之后还要"善断"。毛泽东明确地讲过："谋的目的就是为了断。""要当机立断，不要优柔寡断。"[①]1959 年 6 月，他在同吴冷西谈话时指出："有些人是书生，最大的缺点是多谋寡断。刘备、孙权、袁绍都有这个缺点。曹操就多谋善断。"[②]善于决断，善于下决心，即是民主集中制的集中。民主的目的最终还是要集中，该集中的时候一定要集中，只有集中才能做事。中国共产党的集中制，一贯要求做到"统一认识，统一政策，统一计划，统一指挥，统一行动"[③]。

---

① 薄一波：《回忆片段——记毛泽东同志二三事》，《人民日报》1981 年 12 月 26 日。

② 《毛泽东新闻工作文选》，新华出版社 1983 年版，第 215 页。

③ 《毛泽东文集》第 8 卷，人民出版社 1999 年版，第 294 页。

"统一认识，统一政策"，就是在民主的基础上集中决策的过程。善于集中，指的是善于集中正确的意见。习近平讲过，善于正确集中，就是要把不同意见统一起来，把各种分散意见中的真知灼见提炼概括出来，把符合事物发展规律、符合广大人民群众根本利益的正确意见集中起来，作出科学决策。为此，就要有平等待人、与人为善的真诚态度，有虚怀若谷、海纳百川的宽阔胸襟，力争把各方面的真实意见掌握全、掌握准，进行反复研究、反复比较、择善而从。

做到这一点，就需要一个宽松的环境，使各种意见特别是不同意见都能呈现出来。习近平所讲的"宽阔胸襟"和"各方面的真实意见"显然是面向群众和面向社会的。正确集中的一个基本要义，就是反对不正确的集中，一定不能把不该"集中"的给"集中"来了。习近平所讲的"真诚态度"和"不同意见"显然是针对党内领导干部特别是主要领导人的。在领导工作中，主要领导人应该主动营造氛围，让大家讲真话、讲实话；一般领导成员，应该知无不言，言无不尽。这样，才能做到"心情舒畅"地"统一认识"。单纯靠上下级关系和组织权力实行的集中，实非正确的集中。不过，这一点说起来容易，做起来难，特别是在强调集中统一领导的大背景下，一般人往往从明哲保身的心态出发，恐怕

言多必失，认为多一事不如少一事，不求无功，但求无
过。实际上，这是错解了"集中统一"的真意。2019
年6月，习近平在主持中央政治局集体学习时的讲话
中专门强调："推进党的自我革命，要坚持加强党的集
中统一领导和解决党内问题相统一。"如果没有各种不
同意见的充分表达，"集中统一"就失去了基础。党的
历史上曾多次出现过这样的教训：在突出强调一面的时
候，另一面往往在实际工作中被掩盖和忽略了。作为新
时代的领导干部一定要坚持马克思主义的两点论，切不
可念歪了真经，偏执于一端。

"统一指挥，统一行动"，尤其体现在"统一认识"
后的工作部署和落实上。善于集中，要防止决而不行。
毛泽东说："决议不要轻易，一成决议，就要坚决执
行。"[1]把下面的人员和力量都集中起来"统一行动"，是
中国共产党的领导机构和领导干部能够成事的一个重要
方法。而保证能做到这一点的是中国共产党章程规定的
"四个服从"：党员个人服从党的组织，少数服从多数，
下级组织服从上级组织，全党各个组织和全体党员服从
党的全国代表大会和中央委员会。中共之所以能够不断
取得成功，在某种程度上正是缘于这样一种上下畅通的

---

[1] 《毛泽东文集》第1卷，人民出版社1993年版，第92页。

权力运行机制：大权独揽，小权分散；中央决定，各方去办。中共中央一旦作出决定，全党可以迅速行动起来，这是中共能够不断创造奇迹的一个根本原因。

习近平指出，党章规定的"四个服从"，既是党最基本的组织原则，也是最基本的组织纪律。全党同志要强化组织意识，时刻想到自己是党的人，是组织的一员，时刻不忘自己应尽的义务和责任，相信组织、依靠组织、服从组织，自觉接受组织安排和纪律约束，自觉维护党的团结统一。他还反复强调，党员干部要遵守政治规矩，其中最大的政治规矩就是这"四个服从"。它是组织性或集中性的最重要的体现，其本质就是维护中共中央权威、维护党内团结统一、保持党组织的纪律性和约束力。为此，就要牢固树立政治意识、大局意识、核心意识、看齐意识，坚决维护党中央权威和集中统一领导，保证全党的团结统一和行动一致，保证党的决定得到迅速有效的贯彻执行。

维护党中央权威，不仅仅是一种意识和观念，而是体现在党的政治生活和实际工作中。据新华社报道，中共十九大"两委"人选的考察，就充分运用了"四个意识"来作为衡量和检验人选的标准。不能同党中央保持高度一致、自觉维护党中央权威和集中统一领导的，一票否决；对党中央决策部署态度暧昧甚至心怀不满、另搞一套的，一票否决；骨头不硬、见风使舵、爱惜羽毛、当所谓"开明绅士"、不敢担当的，一票否决，等等。十九大以后，中共中央政治局又审议通过了《中共中央政治局关于加强和维护党中央集中统一领导的若干规定》。规定指出，党中央集中统一领导是党的领导的最高原则，从根本上关乎党和国家前途命运、关乎人民根本利益。加强和维护党中央权威和集中统一领导是全党共同的政治责任。

坚持"四个服从"的一个重要制度安排就是请示报告制度。党的下级组织要向上级组织请示和报告工作。习近平指出："各级领导班子和领导干部都要严格执行请示报告制度。"① 请示报告制度是党的政治纪律和民主集中制原则的内在要求。十八大以后，不少领导干部就是因为没有坚持请示报告制度受到了党纪处分或被查处。

许多情况下，领导机构和领导者面对的问题往往是一种两难的选择。善于集中，就要权衡得失，当机立断，选择其中较好的一面，两害相权取其轻，否则瞻前顾后，议而不决，就会丧失时机，酿成大错。敢于担责

---

① 《习近平谈治国理政》第 1 卷，外文出版社 2018 年版，第396 页。

的表现，就是该拍板的时候一定要拍板，不能怕犯错误，不能怕得罪人，不能顾虑个人的进退。1957年6月，毛泽东让吴冷西到《人民日报》去工作，严肃地告诫他要有"五不怕"的精神：一不怕撤职；二不怕开除党籍；三不怕老婆离婚；四不怕坐牢；五不怕杀头。有了这"五不怕"的精神，就敢于实事求是、敢于坚持真理了，就敢于集中、敢于作为了。从中共历史上看，凡是出于公心，为了党的事业而犯错误受处分的人，最终都会得到公正的对待。并且，领导者个人还会在遭受委屈挫折以后进到更高的领导层次。毛泽东本人就是一个典型的例子，在江西苏区时期受过20多次处分甚至差点被开除党籍。邓小平也有三落三起的经历。十九大以后，中国共产党特别强调要建立的容错机制，实际上就是为敢于集中的人提供一种坚强的后盾。

敢于集中，可能会有许多情形：一是集中多数正确的意见，不怕少数人嘀咕；二是集中少数正确的意见，不怕多数人反对。谁的意见对，就照谁的去集中。除此，可能还有一种特殊情形，就是力排众议，集中自己正确的意见。毛泽东讲过，一个人有时胜过多数，因为真理往往在他一个人手里。多数的时候是多数人胜过少数人，有时候又是少数人胜过多数人。就是说，有时候真理不在多数人这边，而在少数人或个别人这边。不要看大多数人赞成就是正确，就是真理。那不见得。他自己也有许多这方面的亲身体验。比较典型的一次发生在长征路上。1935年3月10日，在中共中央负责人会议讨论是不是进攻打鼓新场这个地方的时候，毛泽东的意见受到了多数人的质疑，绝大多数人都主张打，就毛泽东一人力主不打。有人说，你是不是被土城之战吓破胆了。这个人说的是，遵义会议后毛泽东指挥的第一场战斗，因情报有误遭致失利，这严重影响了他在军中的地位。博古向人讲，看来"经验论者"指挥也不成。这次会议的最后，很多人都说，少数服从多数，民主表决。看到这种局面，毛泽东十分生气，拍案而起，说：那好，你们表决吧，我不干了！说完离席而去。与会的人也都很生气，你不干，正好！会议当即通过了打的决议，并且通过投票罢免了毛泽东刚担任不到10天的前敌总指挥。

这一结局是毛泽东也没有料到的，但是他并没有真的不干，仍然心系红军的安危。他半夜里提着马灯再次去找周恩来。因为在遵义会议上，周恩来被定为党内在军事上下最后决心的人。当时田埂小路崎岖，又适逢下雨，毛泽东走了很长的泥泞小路才到周恩来的住处，再次向他反复陈说不主张打的理由，希望等一等再发布命令，最终说服了周恩来。同时，周恩来当天夜里收到敌人几路援兵向打鼓新场进军的情报，充分证明了毛泽东的判断是正确的。即使在那么困难的时候，毛泽东也表现出一种择善而从的勇气，这就是一种特殊情形下的集中。在战争年代或者紧急情况下，老是那么多人一起开会讨论问题，往往容易贻误战机或时机。所以，这以后，为了集中指挥权，根据毛泽东的提议，中共中央决定成立新的军事三人团，由周恩来、毛泽东、王稼祥组成。其中，周恩来任团长，但对毛泽东基本上是言听计从。

实际上，民主集中制最理想的效果就是正确的集中。不管是基于多数人的，还是基于少数人或个人的，当断则断，是责任意识和担当精神的体现。中国共产党最大的一个优势就在于组织的系统性和严密性，延安整风以后建立了一套自上而下一元化的金字塔形的组织体系。民主集中制即是使这个组织体系保持生机与活力的运行机制。当然，善断或善于集中，还要继续完善与集中相关的制度。放眼今后，可能需要在两个方面予以加强：一是上下畅通，保证上策下达和下情上达；二是左右协调，各项工作统筹兼顾，齐头并进。这两个方面完善了，党领导一切的权力才会更好地运用与发挥。

四、"有了问题就开会"

1949 年前后，处在新旧交替中的中国老百姓对国共两党有一种切身的不同感受："国民党税多，共产党会多。"这对国民党显然是一种讽刺，而对共产党似乎只是一种行事特点的形象说法。这一民谚，毛泽东和中共文艺界的一些领导人面对党外人士的时候也都曾引以自嘲，似乎有点既认可又觉得开会正当、不得不开的意味。毛泽东明确地说过，开会是中国共产党一种重要的领导方法，是"谋"和"断"的重要平台。

实际上，中国共产党正是以"会"而存在的。中共一大通过的党纲规定："凡有党员五人以上的地方，应成立委员会"；"凡是党员不超过十人的地方委员会，应设书记一人；超过十人的应设财务委员、组织委员和宣传委员各一人；超过三十人的，应从委员会的委员中选出一个执行委员会。"① 当时的中央领导机构就称为"中央执行委员会"。中共二大通过的党章规定，"中央执行委员会由全国代表大会选举五人组织之"，地方有两个支部以上，"经中央执行委员会之许可，区执行委员会

---

① 《中共第一次代表大会档案资料》，人民出版社 1982 年版，第 2 页。

得派员至该地方召集全体党员大会或代表会，由该会推举三人组织该地方执行委员会"。① 到中共五大，中央执行委员会改称中央委员会，地方上也相应改称，并沿用至今。

党的委员会的组成及其工作机制经历了一个不断发展的过程，新中国成立之前达到成熟。此后，在不同的历史时期，有所调整和变动，也历经曲折，但总的趋势是日臻完善，大致形成了中央委员会、地方委员会和基层委员会这三个系统的层级。目前，党的中央至县一级的委员会一般分为常委会和全体委员会。党章规定，党的基层组织，根据工作需要和党员人数，经上级党组织批准，分别设立党的基层委员会、总支部委员会、支部委员会。

中国共产党亦是以开会而发展的。在党史教科书和政治生活中，最常出现的用语就是什么"会"。开会是中国共产党的日常工作机制，亦是中国共产党权力行使和运作的平台。无论是民主还是集中，无论是"多谋"还是"善断"，都最鲜明地体现在开会之中。毛泽东曾明确地要求，中国共产党的各级组织和各种机构"都必

---

① 《中共中央文件选集》第 1 册，中共中央党校出版社 1989 年版，第 94 页。

须建立健全的党委会议制度，一切重要问题（当然不是无关重要的小问题或者已经会议讨论解决只待执行的问题）均须交委员会讨论，由到会委员充分发表意见，做出明确决定，然后分别执行"①。而日常工作中，"有了问题就开会，摆到桌面上来讨论"。开会是中国共产党研究问题、解决问题的重要方式。那么，怎样开好会呢？毛泽东有过非常具体的说明。

开会要事先通知，像出安民告示一样，让与会人员知道要讨论什么问题，解决什么问题，并早做准备。"在会议之前，对于复杂的和有分歧意见的重要问题，又须有个人商谈，使委员们有思想准备，以免会议决定流于形式或不能做出决定。"② 有些地方开干部会，事前不准备好报告和决议草案，等开会的人到了才临时凑合，"兵马已到，粮草未备"，这是不好的。开会的方法应当是材料和观点的统一。如果没有准备，就不要急于开会。

毛泽东说，每次会议时间不可太长，会议次数不可太频繁，不可沉溺于细小问题的讨论，以免妨碍工作。此间，讲话、演说和写决议案，都应当简明扼要。发言

① 《毛泽东选集》第 4 卷，人民出版社 1991 年版，第 1340—1341 页。

② 《毛泽东选集》第 4 卷，人民出版社 1991 年版，第 1341 页。

"不要太长，内容要精彩一点"；"小稿子，几百字，很经济"。决议也不要太多，"决议很多，以为这些决议会灵，其实并不那么灵。会议的决议，多不一定灵，少也不一定灵，关键还是在于情况明不明，决心大不大，方法对不对"。① 也就是决议内容正确不正确。"凡是使人看不懂，看了之后觉得头痛，没有逻辑（内部联系），没有论证，因而没有说服力的文件，以后千万不要拿出来。"② 对这些要求，列宁曾讲过这样一句话："最大限度的马克思主义等于最大限度的通俗和简易"。马克思主义是为绝大多数人谋利益的学说，马克思主义者所讲的话，首先要让绝大多数人都能懂。毛泽东讲话写文章，堪称是"通俗和简易"的典范。习近平也曾提倡领导干部要"接地气"。"接地气"首先要在话语上"接地气"，比如他讲的"撸起袖子加油干"成为流行语，即是"接地气"的典型表现。

毛泽东还指出，"一次会只能有一个中心，一个中心就好"；"每次会有一个主题，其他问题也吹一下"。③

① 《毛泽东文集》第8卷，人民出版社1999年版，第236页。
② 《毛泽东年谱（1949—1976）》第4卷，中央文献出版社2013年版，第57页。
③ 《毛泽东年谱（1949—1976）》第2卷，中央文献出版社2013年版，第468页。

直到今天，每次的中共中央全会，似乎都非常符合这样一个特点。而一般领导机关的日常工作会，为了提高效率，每次会也可以有若干个议题，只是要讨论充分后再表决。另一方面，会议的形式是多种多样的，大型、中型和小型会议要结合起来开。这三种会议一般指的是群众大会、干部大会和领导班子会。毛泽东讲过，把工作干好，就要调动广大群众的积极性和领导骨干的积极性，这两个积极性缺一不可。如何调动这两个积极性呢？无疑，开会是一种重要的方法和途径。对这三种会，毛泽东说："小型会议最好商量问题，我对小型会议很有兴趣，时间不长，就地召开，这种形式最好。"[1]小会解决大问题，这也是现在常讲的。因为小会一般都是最高领导层的会、决策的会、解决具体问题的会。开这样的会的时候，可以先"吹吹闲话，引起兴趣"，然后"接触问题"。[2]唠唠家常，谈谈国内国际大事，这样，与会人员比较放松，就利于发表意见，易于畅所欲言。

即使大一点的或人比较多的会，也不要照本宣科，而同样要充分发挥参会人员的作用。可以先把报告草稿

---

① 《毛泽东年谱（1949—1976）》第3卷，中央文献出版社2013年版，第287页。

② 《毛泽东年谱（1949—1976）》第2卷，中央文献出版社2013年版，第468页。

发下去，请到会的人提意见，加以修改，然后再作报告。作报告的时候不是照着本子念，而是讲一些补充意见，作一些解释。这样，就更能充分地发扬民主，集中各方面的智慧，对各种不同的看法有所比较，会也开得活泼一些。①

实际上，"集中各方面的智慧"也需要智慧。无论什么会，目的是开会研究问题、解决问题。这都与主持会的人有关。因而，领导者主持会议要掌握一些开会的方法与艺术，把会议变成一个心平气和解说和倾听的过程、客观友善争论和说服的过程、高效有序地展开和推进的过程，最终通过吸收各种正确意见，形成民主决策。这样的会议尽管可能紧张，但开起来，都有份，让人舒心，形成决策的过程是大家共同提升的过程，执行起来大家也会更加自觉，更加主动。

除非传达文件，一般情况下，会议主持者不能先发言。最后总结发言，好的总结让与会的每一个人都觉得他的看法和意见被吸纳进去了，或者被注意到了，但又不是他本人的意见。因而，会议总结特别是即席总结是非常能看出一个领导的水平高低的。民国时期，梅贻琦

---

① 《建国以来重要文献选编》第15册，中央文献出版社1997年版，第114页。

主持清华大学的教授和校务人员开会似乎非常符合共产党人开会的要求。冯友兰回忆,每次开会,凡是参加会议的人,任何人都能提提案,他的提案,可以是他自己的意见,也可以是他集中别人的意见。在会议中任何人都可以自由发言,任何人都可以集中别人的意见,但是任何人的集中,都必须作为提案向会议提出来让大家讨论、表决,经过多数赞成以后,才能作为会议的议决案。这样的议决案才算是代表多数的意见,少数人自然就无计可施了。"校长分寄其任于诸教授,于各执事;诸教授各执事各尽其责于诸学子,至于因革损益之大端,猝然非常之异变,校长则于教授会、评议会、校务会议分别与同人共商讨之。每有大计,同人既本其识见之所可及,尽其意量而出之,时或反复辩难,势若不相下,公则从容审夺其间,定其议也,往往各如其意,充然有得也。"[①] 由"各执一词"到"各如其意",这确实需要一种很高的智慧与艺术。

朱自清也曾谈到梅贻琦的这个本事。"在清华服务的同仁,感觉着一种自由的氛围气,每人都有权利有机会对学校的事情说话。"梅贻琦使清华"发展成为一个比较健全的民主组织。在这个比较健全的民主组织

---

① 《文化史料》第4期,文史资料出版社1983年版,第8页。

里，同仁都能安心工作，乐意工作，他使同仁觉着学校是我们大家的，谁都有一份儿"。"有人也许惊奇，为什么梅先生在种种事件上总不表示他的主见，却只听大家的。是的，这的确可惊奇，但是可惊奇而且可敬佩的，是他那'吾从众'的态度和涵养。他并不是没有主见的，只看抗战以来，教授会和评议会不得已而暂时停顿的时候，他的种种措施，便可以知道。"①从众而又能决断，这不就是古人讲的多谋善断吗？不就是共产党人讲的民主集中制吗？古往今来，高明的领导方法大都是相通的。

当然，开会不能总是一团和气，有碰撞才会有火花，有争论才能明事理。争论至少有两个好处：一是事理越辩越明，二是能"出气"。只有事理明了，气顺了，才能发自内心地认同，才能真正地劲往一处使。毛泽东专门讲过，"定期召开会议，进行批评和自我批评，这是一种同志间互相监督，促使党和国家事业迅速进步的好办法"②。在他看来，批评要尖锐。"我觉得不那么尖锐，总是怕得罪人的样子。你不那样尖锐，不切实刺一

---

① 《朱自清作品集》（5），河南大学出版社 2004 年版，第 1453 页。

② 《毛泽东年谱（1949—1976）》第 2 卷，中央文献出版社 2013 年版，第 361 页。

下，他就不痛，他就不注意。要有名有姓，哪一个部门，要指出来。你没有搞好，我是不满意的，得罪了你就得罪了你。怕得罪人，无非是怕丧失选举票，还怕工作上不好相处。你不投我的票，我就吃不了饭？没有那回事。其实，你讲出来了，把问题尖锐地摆在桌面上，倒是好相处了。不要把棱角磨掉。牛为什么要长两只角呢？牛之所以长两只角，是因为要斗争，一为防御，二为进攻。我常跟同志讲，你头上长'角'没有？你们各位同志可以摸一摸。我看有些同志是长了'角'的，有些同志长了'角'但不那样尖锐，还有些同志根本没有长'角'。我看，还是长两只'角'好，因为这是合乎马克思主义的。"① 这真是把同志与同志之间顾忌相互批评的心态说得淋漓尽致。如果每个人都能把私心、面子和种种疑虑丢开，反而可能收获意想不到的效果，真正达到事明气顺。

道理如此，真正实行起来仍然是很难的。人常说相互批评要对事不对人，但是人和事怎么能截然分开呢？事和人是联系在一起的。讲到事，必然要涉及人。任何人都喜好被肯定、被赞扬，人之天然本性。所以，在开会的时候，如何处理和拿捏相互批评的度，是很需要费

---

① 《毛泽东文集》第6卷，人民出版社1999年版，第406页。

思量的，特别是要注意"划清两种界限"。

首先是毛泽东最初所用的"革命"与"反革命"，"延安"与"西安"的界限。他举例说，反对官僚主义，完全可以呀！但是，你站在"延安"的立场上反呢？还是站在"西安"的立场上反呢？"把延安说得好似'一无是处'，而没有把延安的官僚主义同西安的官僚主义比较一下，区别一下。这就从根本上犯了错误。"[①] 也就是说，开展批评要站稳立场。到今天可以说要划清这样一种界限：恶意与善意，出于好事，还是出于坏事。

其次是要"划清正确和错误、成绩和缺点的界限，还要弄清它们中间什么是主要的，什么是次要的"[②]。例如，成绩究竟是三分还是七分？说少了不行，说多了也不行。一个人的工作，究竟是三分成绩七分错误，还是七分成绩三分错误，必须有个根本的估计。如果是七分成绩，那么就应该对他的工作基本上加以肯定。把成绩为主说成错误为主，那就完全错了。当然，也要正确对待错误。"要说一句话都不错，没有那回事。写文章，总是改来改去，如果不错，何必改呢？"[③]

人总是有缺点的，总是要犯错误的，"只是不要

---

① 《毛泽东选集》第 4 卷，人民出版社 1991 年版，第 1444 页。
② 《毛泽东选集》第 4 卷，人民出版社 1991 年版，第 1444 页。
③ 《毛泽东文集》第 6 卷，人民出版社 1999 年版，第 346 页。

错得太多就是了"。比如，作为主要领导，"说十句话错了六句，错了百分之六十"，那这个领导就不好当了。①

开会特别是民主生活会上进行相互批评时，记着这两条界限，事情就好办，否则就会把问题的性质弄混淆了。自然，要把界限划好，也是不容易的，必须经过细致的研究和分析。对于每一个人和每一件事，都应该采取分析研究的态度。要言之有据，切中痛点，经得起事后的检验。

毛泽东之所以不厌其详地讲如何开会，一个重要原因就是让人明白，权力不能轻易使用。把问题摆在桌面上来，即是今天说的"公开透明"。会议至少是几个人的场所，是中国共产党集体领导的象征。集体的存在本身就是对领导即权力的一种约束，除非集体整体失声，这在中共党史上确实有过，但是少而又少。时至今日，中国共产党的各种会议，已经日常化、层次化、专题化、规则化、程序化。开会的方法作为一种领导方略，不但一时发挥作用，而且能够超时空地发挥作用，更能说明它的价值和功用。

---

① 《毛泽东文集》第6卷，人民出版社1999年版，第346页。

第七章　毛泽东领导方略的用例

　　历史人物无论多么高明，都无法像导演一样设计历史的剧目和推演历史的情节和进程。往往是不经意间，历史就改变了轨辙和生出了枝节。历史活动的演进，不是杰出人物精心设计的，而常常是许多偶然性叠加造成的，其进程和结果甚至会远离历史活动发起者的初衷。但是，领袖人物的领导方略也是极其重要的，特别体现在对历史进程的推动和影响方面。毛泽东发动的延安整风是其全部领导方略的一次大演习，其中的一波三折及最终取得的理想结果，也特别体现了毛泽东领导方略的成熟。

一、"认理不认人"

　　红军长征胜利到达陕甘地区以后，毛泽东一直想对遵义会议以前的"左"倾错误进行一次总的清算，否则，过去不明不白，现在就糊里糊涂。况且，中共中央决定准备召开七大，自然需要在大会上对六大以来的工作做一个交代。但是，毛泽东的这种想法因王明造成的新的分歧被暂时搁置。到 1940 年下半年的时候，毛泽东觉得时机差不多成熟了。为此，他和多位中央领导人交换了意见，得到了包括王明在内的中央政治局多数领导人的响应。所以，该年 12 月的政治局会议上，毛泽东重提历史问题。他说，对于土地革命战争后期的"左"倾错误，"遵义会议决议只说是军事上的错误，没有说是路线上的错误……所以遵义会议决议须有些修改"①。他还讲，过去所犯的错误，都是"由于马列主义没有与实际联系起来"。②事前博古受到王明的提醒，因此在毛泽东讲话后，表示希望有机会检讨自己的错误，并说愿意承担责任。然而，没想到张闻天出来表示反对。他说，那时虽然犯了"左"的错误，但还是进行了艰苦斗争的，还是为马列主义而奋斗的，"路线"上并没有错。鉴于张闻天的不同意见，毛泽东最后起草会议决议时没有再提苏维埃运动后期的路线错误。这不能不激起毛泽东对张闻天态度的变化。

①　《毛泽东文集》第 3 卷，人民出版社 1996 年版，第 285 页。
②　《毛泽东年谱（1893—1949）》中卷，中央文献出版社 2013 年版，第 237 页。

对于王明，整风初期，毛泽东还没有提出他的"左"倾错误责任问题，因为江西苏区时期他在莫斯科共产国际，毛泽东所切身感受到的错误主要来自博古，所以，毛泽东一度说博古是苏维埃运动后期"左"倾错误的主要负责者，还明确地把它定为"博古路线"。另一方面，王明有深厚的莫斯科背景，毛泽东仍然有所顾虑。更为重要的是，这时王明表现出来的态度和支持，也让毛泽东对其心存信任。王明自认为，苏维埃运动后期的路线错误没有他的份，因为他不在国内，并且在莫斯科期间还对博古的"左"倾政策进行过批评。所以，当毛泽东要批评"左"倾路线错误时，他并不反对，还予以积极配合。同时，王明在公开场合极为称赞毛泽东。

1940年5月，王明在泽东青年干部学校的开学典礼上作了《学习毛泽东》的讲演，其中提到："毛泽东同志现在不仅是共产党中央和共产党全党团结的核心，不仅是八路军和新四军团结的中流砥柱，而且是全中国无产阶级和人民大众众望所归的团结中心。""在农民工作中，他是一个有名的农民工作大王；在军事工作中，他是伟大的战略家；在政权中，他是天才的政治家；在党的工作中，他是公认的领袖"；在理论工作中，"他是伟大的理论家"。还说："以毛泽东同志为首的中共中央的方针是唯一正确的政治方针"。由此，他号召大家从五个方面向毛泽东学习："第一、学习毛泽东同志的始终一贯地忠于革命的精神"；"第二、学习毛泽东勤于学习的精神"；"第三、学习毛泽东同志勇于创造的精神"；"第四、学习毛泽东同志长于工作的精神"；"第五、学习毛泽东善于团结的精神"。①

可以说，在中国共产党内第一个高度颂扬毛泽东和称毛泽东为理论家的反而是王明。然而，他是明显的"两面人"，私下里恶意攻击毛泽东的也是他。背后，王明却是一种截然相反的态度。就在几个月前，王明看过毛泽东的《新民主主义论》，他显然不表认同，但又不好公开反对，就暗中咏诗一首，题为《新民主主义论——评毛泽东这篇论文的根本错误态度》。不过，毛泽东当时所感到的是王明的支持和赞扬，对他私下里的小动作并不了解。所以，在实际工作中，毛泽东对王明反而还比较倚重。1941 年 7 月底，中共中央决定让王明接替任弼时，负责西北局和陕甘宁边区的工作，这是一个十分重要的职位。8 月 27 日，中共中央决定组成"中央书记处工作会议"，王明仍为 7 人之一。

与此形成反差的是，在毛泽东心目中，张闻天反而

---

① 王明：《学习毛泽东》，《青年学习指南》，中国青年社 1942年版，第 160、161、162、163、164 页。

成了清理历史上"左"倾错误的最大障碍。因为博古已表示愿意承认错误，并且在党内已没有什么大的影响。而张闻天还负责着重要的干部教育和宣传工作。本来，遵义会议以后，毛泽东与张闻天合作比较融洽，毛泽东还打趣张闻天，称他为"开明君主"，称他的夫人刘英为"娘娘"，并且多次向人说，张闻天当总书记讲民主，不争权。然而，张闻天毕竟是苏维埃运动后期的重要负责人，在全民族抗战初期还一度附和王明，加上彼此处事风格迥异，长期密切合作共事也难免意见分歧。因此，毛泽东对张闻天越来越产生看法是显而易见的。1940年3月，周恩来从苏联治病归国，在延安传达共产国际指示时，提到在莫斯科有人称赞张闻天是中共的理论家。毛泽东听后，当众脱口而出："什么理论家，背了几麻袋教条回来。"① 后来，张闻天在中央政治局会议上当着毛泽东的面似乎作了有明显意味的回应："现在中国同志还没有人能写一本马列主义中国化的书。"② 正由于这种看法，他领导下的中宣部，只把毛泽东的《新民主主义论》等著作视为一般的政治读物，并没有

① 刘英：《在历史的激流中——刘英回忆录》，中共党史出版社1992年版，第127页。

② 张培森主编：《张闻天年谱》上卷，中共党史出版社2000年版，第657页。

看作是马克思主义中国化的理论创造。

更甚者，中共六届六中全会以后，毛泽东主张全党来个学习大运动，但在张闻天的具体领导下，学习运动又有陷入"洋教条"的危险。种种因素汇合在一起，使毛泽东把批判的矛头指向了张闻天。1941 年 5 月 19 日，毛泽东在延安作了题为《改造我们的学习》的报告。该报告导向鲜明、直击主题，后来被普遍认为是整风运动开始的标志。其中对党的教育和宣传工作进行了尖锐的批评："理论与实际相分离"，"只知背马克思、恩格斯、列宁、斯大林著作中的若干词句"，"无实事求是之意，有哗众取宠之心"，"谬种流传，误人不浅。在延安学了，到富县就不能应用。经济学教授不能解释边币和法币"。主观主义的"这种作风，拿了律己，则害了自己；拿了教人，则害了别人；拿了指导革命，则害了革命"。鉴于如此种种，毛泽东提出要把全党的学习来一个"根本的改造"，"以研究中国革命实际问题为中心"。[①]在张闻天任部长的中宣部干部会上宣布改造他主持的学习运动，其意味不言自明。对此，当时许多人都有所感知。博古听了这个报告，则感到轻松了许多，好像他并不在风口浪尖上。

---

① 《毛泽东选集》第 3 卷，人民出版社 1991 年版，第 802 页。

当时，毛泽东的"用语之辛辣，讽刺之深刻，情绪之激动"是从未有过的，所以，在听讲的干部中引起了思想震动。也正因为如此，这篇报告受到了张闻天领导的宣传部门的抵制，直到第二年春天，普遍整风开始后，才在《解放日报》发表。看来，毛泽东小试牛刀并不顺利，正像他后来所言："一九四一年五月，我作《改造我们的学习》的报告，毫无影响。"① 这种情况使他对张闻天和教条主义者越发不满。

这以后，张闻天也感到很苦闷、委屈乃至紧张。在他看来，苏维埃运动后期，错误在博古；抗战初期，问题在王明，而为何来拿他说事呢？他向陈云、康生发牢骚，说毛泽东似乎看人有点"偏"，不公平。"中央决议通过的，照着做了又来驳斥，因此事情不好办。"② 在陈云、康生的建议下，张闻天决心找毛泽东当面交换一下意见。第一次会谈，毛泽东的态度很温和，并没有对他怎么责怪。但是，几天之后，毛泽东与任弼时、康生和陈云等人一同找张闻天谈话。毛泽东对其进行严厉批评，历数他在政治上不坚定、态度摇摆的情况，说他有

---

① 《毛泽东年谱（1893—1949）》中卷，中央文献出版社 2013 年版，第 469 页。

② 张培森主编：《张闻天年谱》上卷，中共党史出版社 2010 年版，第 454 页。

"狭、高、空、怯、私的毛病","一事不懂，偏要人家依，不依则打";"不顾全大局，无自我批评精神"。① 这与原来毛泽东对张闻天的看法和评价截然不同，表明他与张闻天相处还有另一面的感受，亦可谓"认理不认人"。尽管两人有过很好的相处与合作，但张闻天所犯的错误，他也不留情面地指出来。张闻天后来说："我听了虽然不舒服，但我仍然承认了自己的错误。"② 既然张闻天的"思想病"也打通了，那么，在毛泽东看来，清理苏维埃运动后期的"左"倾错误应该是没问题了。弄清什么是错误的，才懂得什么是正确的，毛泽东一直认为，这事关党的今后发展的大局。

二、以"错误"突显"正确"

1940 年 12 月中共中央政治局会议后，鉴于有中央领导人对苏维埃运动后期的路线错误不认账，毛泽东用了半年时间，主持编辑了党史材料集《六大以来——党内秘密文件》，其用意是让执行过"左"倾路线的领导

---

① 张培森主编：《张闻天年谱》上卷，中共党史出版社 2000 年版，第 658 页。

② 张培森主编：《张闻天年谱》上卷，中共党史出版社 2010 年版，第 454 页。

人，面对大量确凿的历史材料，不能赖账。结果也正如毛泽东所料："党书一出许多同志解除武装，才可能召开一九四一年九月会议。"[①] 所谓"九月会议"，就是指 1941 年 9 月召开的中共中央政治局扩大会议。中央领导层的整风从这次会议正式拉开帷幕。毛泽东在会上作了主旨报告。他说，现在的任务是要集中力量反对主观主义和宗派主义。不过，"打倒两个主义，把人留下来"。"把犯了错误的干部健全地保留下来。"[②] 这基本上是毛泽东给整风定的调子。意思是，只要认清错误，并不追究个人的责任，可谓整思想不整人，而不像以前那样把犯过路线错误的人"打入冷宫"，弃而不用。正因为如此，之后的整风，犯过错误的人对照检讨，大都很真诚很深刻。

张闻天后来回忆："九月政治局会议开始时，我觉得会议的主要打击方向是我。"因此，他第一个出来检讨说：土地革命后期的路线错误"使党受到很严重的损失。我是主要的负责者之一，应当承认错误，特别在宣传错误政策上我应负更多的责任。我们的错误路线不破

[①] 《毛泽东年谱（1893—1949）》中卷，中央文献出版社 2013 年版，第 469 页。

[②] 《毛泽东文集》第 2 卷，人民出版社 1993 年版，第 372—375 页。

产，毛主席的正确路线便不能显示出来"。他很诚恳地表示："过去我们对苏维埃后期的错误没有清算，这是欠的老账，现在必须偿还。"值得注意的是，张闻天还充分表现了认识上的高度，深刻分析了教条主义与经验主义的关系："教条主义常与经验主义结合而互相为用，教条主义无经验主义者不能统治全党，经验主义者常做教条主义者的俘虏。经验主义也是一种主观主义，故能与教条主义合作，只有理论与实际一致才能克服教条主义与经验主义的错误。"[①] 这种看法，颇具理论色彩，甚至超出了毛泽东原来的认知，毛泽东听后显然倍感认同，稍后即在一篇文章中采用了这种分析。以理论分析历史，由历史提升理论，使各种思想分析相互激荡，然后博采众长，这逐渐成为毛泽东和中共理论创新的一种路径。

会上，博古表现了一贯的认错态度，两次发言进行深刻检讨。他说："1932 年至 1935 年的错误，我是主要的负责人。""当时我们完全没有实际经验，在苏联学的是德波林主义的哲学教条，又搬运了一些苏联社会主义建设的教条和西欧党的经验到中国来，过去许多党的决议是照抄国际的。"[②] 博古所言的"我们"显然不止一两

---

① 张培森主编：《张闻天年谱》上卷，中共党史出版社 2000 年版，第 454、659 页。

② 《胡乔木回忆毛泽东》，人民出版社 2014 年版，第 196 页。

个人。接着，李维汉、邓发、任弼时等人也都做了检讨。当时这些领导人检讨的一个特点，就是对照毛泽东的讲话反思自己以前的主观主义错误倾向，并没有涉及犯错误的具体经过和历史责任问题，这也符合毛泽东的希望：澄清思想的是非，为了更好地工作。

不料，王明的发言改变了会议的格调。他先是做了一番自我表白式的检讨，承认自己在莫斯科学的都是洋教条。但是，他在讲话中更多地是批评别人，特别是批评博古和张闻天到苏区先后剥夺了毛泽东的军权和党权，最后连政府中的权力也给夺走了。他说早在莫斯科时就对此看不惯了。接着，一口气批评了约有 20 人这样那样的错误。[1] 从这一点上看，王明在政治上又极其幼稚。张闻天后来讲到，"王明当时兴高采烈"。为了更快地使自己脱身，他千方百计地讨好毛泽东。9 月 12 日，最后发言时，他一时兴起，突然话锋一转，说要揭穿一个"秘密"。

什么"秘密"呢？他可谓语惊四座：博古、张闻天当年领导的中共中央其实是不合法的。何出此言？他"追忆"，1931 年秋，他与周恩来等中央领导同志即将离开上海之际，推荐博古、张闻天等人组织临时中央政

---

[1] 《胡乔木回忆毛泽东》，人民出版社 2014 年版，第 199 页。

治局。当时就已约定，由于博古等人并非中央委员，更不是中央政治局委员，将来到政治局委员多的地方就要把权力交出来。没想到，博古、张闻天到中央苏区后却只字不提此事，竟领导起那些真正的政治局委员来了。真是一石激起千层浪，这个"秘密"顿时在与会人员中间引起震动，也极大地刺激了毛泽东本人。江西苏区时期，在自己头上发号施令的那些领导人竟然有点冒牌的意味，毛泽东的心情可想而知。会后，毛泽东专门找王明去了解"篡位问题"的来龙去脉，并对王明把自己当作正确路线的代表委婉地表示不满，希望他先对抗战初期所犯的右倾错误进行检讨。言外之意，江西苏区时期的路线错误没你的份，主持长江局时的所作所为总不能说也置身于外吧？

因王明的节外生枝，中共中央领导层整风的风向迅即发生了变化。9月29日，中央政治局会议由原来检讨思想问题变成了深入检讨苏维埃运动后期的历史问题。经过准备，博古、张闻天对王明的揭发作了回应。他们承认，临时中央进入苏区后没有把权力交出来，确实"有篡位之嫌"，但王明当时在共产国际为什么不打电报来纠正呢？况且，"五中全会的名单也是国际批准的，这些事情王明当时为什么不起作用？"邓发说，当时的错误，王明不也是同意了吗？就连跟随王明同在共产国际的康生也指出，王明在莫斯科其实与博古犯着差不多同样的错误，而王明在抗战初期的错误，都是主观主义与宗派主义的表现。这样，大家批评的矛头都指向了王明，可谓是众怒难犯。王明大概没有想到弄巧成拙，搬起石头砸了自己的脚。此时，既然有留苏背景的中央领导人大都认识到自己的错误，就剩下王明一人还试图蒙混过关，自然毛泽东希望王明改变态度。

这次会后，毛泽东约了任弼时等人一起找王明谈话，正式向他提出在武汉时期犯有四个方面的错误，主要是对独立自主原则的态度及与中央的关系不正常。可知这时毛泽东仍没有把江西苏区时期的路线错误归到王明的头上。但是，这令王明感到非常紧张，加上他私下里对毛泽东早就有比较负面的看法，如9月政治局会议之前，他多次对博古讲：毛泽东是那种睚眦必报的人。所以，听了毛泽东的谈话，他顿时感到大难临头。但是，他一向自视甚高，虚荣心极强，无论如何都不愿认错。恰在这时，他感到一线转机。10月初，共产国际执委会总书记季米特洛夫给中共中央发来一份措辞严厉的电报，接连提出15个问题要求回答，其中包括：面对日本在华北的加强进攻，中共准备如何改善国共关系？如果与蒋介石破裂，那么共产党还能跟哪些人合作抗日？在苏联遭受德国入侵的严重关头，中共准备采取什么实际行动来援助社会主义苏联？等等。

得知详情后，王明异常兴奋，仿佛看到了新的希望。1941年10月7日，当毛泽东、任弼时等中央领导人找他一起商量如何回电时，他却乘机火上浇油，抨击毛泽东如何如何不对，自称与季米特洛夫想法一致，指责中央目前的政策太"左"，是典型的自我孤立；他还要求中央表态不实行新民主主义，设法与蒋介石改善关系；他甚至表示决心跟毛泽东争论到底，到共产国际去评理。① 据王明事后悄悄告诉博古的意思，他之所以这样做，是因为"那边的方式我是知道的，先提问题，后来就有文章的"。但王明这次失算了。

听了王明的一番讲话，毛泽东显然看到了另一个王明，原来他还有这样一套把戏。因而十分恼火当在情理之中。第二天，即10月8日，毛泽东主持召开中央书记处会议，正式讨论王明提出的问题。首先，毛泽东简要介绍前晚讨论的情况，接着让王明亮出自己的观点。王明自知情况有点不妙，但还是发表了他的看法，仍然说中央的政策太"左"，并对毛泽东指出的他在武汉时期的四大错误进行了辩解，声称主要是按照共产国际的

---

① 《胡乔木回忆毛泽东》，人民出版社2014年版，第199—200页。

要求来做的，没有闹独立性。语意之中，他是与共产国际始终站在一起的。很明显，王明根据季米特洛夫的来电，要跟毛泽东赌一把。

没想到，王稼祥和任弼时的发言给了王明致命的一击。王稼祥指出，王明提到季米特洛夫的相关说法，并不准确。本来王明回国时，季米特洛夫曾专门嘱咐王明不要回去争权："你回中国去要与中国同志关系弄好，你与国内同志不熟悉，就是他们要推你当总书记，你也不要担任。"任弼时补充说，自己到苏联后，也听季米特洛夫讲过曾叮嘱王明："虽然你在国际工作了多年，而且是执委成员和书记处书记之一，但你回国去并不代表国际。而且，你长期离开中国，脱离中国革命实际，所以回去以后，要以谦逊的态度，尊重党的领导同志。中国党的领袖是毛泽东，不是你。你不要自封领袖。"①任弼时还谈到季米特洛夫对王明的看法是："缺乏经验"，"有些滑头的样子"，而且拉帮结派，不够诚实，好出风头，喜欢别人把他说成是中共领袖。②

王稼祥和任弼时的发言，可以说一下子把王明给打

①　师哲:《在历史巨人的身边——师哲回忆录》，中央文献出版社 1991 年版，第 142 页。

②　《任弼时年谱（1904—1950）》，中央文献出版社 2014 年版，第 410 页。

懵了，本来想拉大旗作虎皮，没想到被揭了老底，原来自己在共产国际那里并不被看好，并且这时他才意外地发现，共产国际在中央领导层那里已不再有绝对的"权威"。这样，对王明来说，既得罪了毛泽东，又未能取悦共产国际，还成为众矢之的，他所受的刺激可想而知。惶惶不安一天之后，他终于受不住，突发休克，住进了医院。

原本在这次会议上，毛泽东还提出，暂时停止关于土地革命战争后期错误问题的讨论，立马召开中共中央政治局会议，讨论和检查抗战以来中共中央的政治路线，同时希望王明就武汉时期的右倾错误和当前的政治态度进行解释说明。历史在不经意间便改变了方向。在某个关节点上，历史发展是存在着多种可能性的。假设那时王明没有主动挑起是非，并对毛泽东关于共产国际电报的处理予以真诚的合作协助，他的结局又会如何呢？中共中央领导层的整风又会如何进行下去呢？这次会后，毛泽东还准备了较为详细的在拟召开的中央政治局会议上的讲话大纲，但是鉴于王明病倒，原定于10月12日召开的政治局会议只好延期，而王明长病不起，原来设想的议程无法进行。因此，本次中央政治局会议于10月22日宣告结束。

这次长达一个多月的中共中央政治局扩大会议，尽管遭到了王明的干扰，一波三折，但是，中央领导层对于土地革命战争后期"左"倾路线错误、反对主观主义与宗派主义，基本上达成了共识。会议期间，中共中央发出《关于高级学习组的决定》，高级干部的整风运动随之展开。从这一点上可以说是初战告捷。毛泽东后来指出："一九四一年九月会议是一个关键，否则我是不敢到党校去作整风报告的，我的《农村调查》等书也不能出版，整风也整不成。"①

然而，这种胜利并没有使毛泽东感到如释重负，当时参加九月会议的中央政治局委员，除毛泽东和朱德以外，有王明、张闻天、博古、任弼时、康生、王稼祥、邓发和凯丰，全是以前"左"倾中央的领导人。看着他们一个个检讨认错和相互严厉批评，自然会想起自己在江西苏区时期所受到的种种诋毁和打击。毛泽东的内心肯定高兴不起来，毕竟党和红军的损失已不可挽回了。可以说，这时，毛泽东长长地松了一口气，但是并没有卸掉身上的沉重和出掉胸中的闷气。正是在这种心态下，毛泽东陆续写了九篇尖刻批评江西苏区时期"左"倾中央错误

---

① 《毛泽东年谱（1893—1949）》中卷，中央文献出版社 2013年版，第 469 页。

的笔记，题目最终定为《驳第三次"左"倾路线》。它们虽然一直没有公开发表，却成为毛泽东毕生珍爱的文稿，直到逝世前一个月，还让人念给他听。其中写道：

"我们老爷……欺负我党与中国人民对于马克思主义的认识水平与对中国革命实践的认识水平的暂时落后而加以剥削，而对于许多聪明的勇敢的同志，例如所有白区、苏区、红军的主要负责人，则加以流氓式的武断与威胁，把他们放在托洛茨基及陈独秀取消派的范畴内，这真是所谓不识人间有羞耻事！""我党在这一时期领导方面所犯的错误，以事业说，党、政、民、学，以地域说，东、西、南、北、中，无往而不被其荼毒。""中国自从有那么一批专门贩卖马克思的先生们出现以来，把个共产党闹得乌烟瘴气，白区的共产党为之闹光，苏区与红军为之闹掉百分之九十以上……都是吃了马克思主义太多的亏。""这批人自封为'马克思主义理论家'，家里有成堆的马克思主义出卖，装潢华丽，自卖自夸，只此一家，并无分店，如有假冒，概不承认……直到被人戳穿西洋镜，才发现其宝号里尽是些假马克思，或死马克思，或臭马克思，连半个真马克思，活马克思，香马克思也没有，可是受骗的人已不知有几千几万，其亦可谓惨也已矣！"①

这"九篇笔记"充分反映了毛泽东对教条主义的痛恨，用胡乔木的话说，是"嬉、笑、怒、骂跃然纸上，情绪化色彩甚浓"，纯粹是"激愤之作，也是过去长期被压抑的郁闷情绪的大宣泄"②。整风过程中，毛泽东提出每个人都要写笔记，他自己也要写。不同的是，毛泽东的笔记是对"左"倾错误的批评，尽管写得比较情绪化，但是对整风运动的推动还是比较理智地进行着，并且公开发表的整风文献要温和得多，且指向的主要是不良思想作风。

三、"整思想"与团结同志

1941 年九月会议上，毛泽东曾指出，现在的延安，学风上存在着主观主义，党风上存在着宗派主义。它们的来源是：过去党内"左"的传统，共产国际中某些思想的影响，中国广大小资产阶级的影响。毛泽东这段话可以说进一步明确了整风的原因。对此，

① 转引自杨奎松：《毛泽东与莫斯科的恩恩怨怨》，江西人民出版社 1999 年版，第 150—151 页。
② 《胡乔木回忆毛泽东》，人民出版社 2014 年版，第 231、214 页。

陆定一的解释很到位，他说，整风的目的"在于认清过去残留着的不正的三风与改造新党员的思想"①。正是基于这样的目的，毛泽东决定把整风由高级干部推向全党。1942年2月1日，毛泽东在中央党校开学典礼上作了《整顿学风党风文风》著名报告。一周后，他又在中宣部召集的干部会议上作了《反对党八股》的报告。这两个报告言辞犀利、指向清晰，系统地指明整风运动的方针任务，全党整风运动由此推开。他明确指出，整风运动的任务就是"反对主观主义以整顿学风，反对宗派主义以整顿党风，反对党八股以整顿文风"②。

关于主观主义，他指出，"党内的主观主义有两种：一种是教条主义，一种是经验主义"，而"在这两种主观主义中，现在在我们党内还是教条主义更为危险"。③因而，他批评得也就厉害一些："他们一不会耕田，二不会做工，三不会打仗，四不会办事"。"如果只是死读书，那末，只要你识得三五千字，学会了翻字典，手中又有一本什么书，公家又给了你小米吃，你就可以摇头晃脑的读起来。这是世界上最容易办的事情，这比大司

---

① 《陆定一文集》上卷，人民出版社1992年版，第313页。
② 《毛泽东选集》第3卷，人民出版社1991年版，第812页。
③ 《毛泽东选集》第3卷，人民出版社1991年版，第819页。

父煮饭容易得多，比他杀猪更容易。你要捉猪，猪会跑，杀它，它会叫。一本书摆在桌子上，既不会跑，又不会叫，随你怎样摆布都可以。"① 在毛泽东看来，整顿学风，就是"把马列主义搞通，把主观主义反倒"②；就是要学会理论联系实际，学会用"马克思列宁主义之箭"，"去射中国革命之的"。③

关于宗派主义，毛泽东指出，它是主观主义在组织领域的一种表现，主要表现形式为闹独立性，搞山头，就好比一个一个的"戏班子"，"中国的社会经济情况使得我们党里有很多的'剧团'，说得粗一点就是有好多'戏班子'。在一个班子里，不论是唱主角的，唱配角的，跑龙套的，他们都是很亲热的，并且有个原则：我这个班子可以批评你那个班子，但是你那个班子不可以批评我这个班子。这就叫宗派主义。"④

关于党八股，毛泽东指出，它是主观主义和宗派主义在文风上的一种表现形式。教条主义者写文章，甲乙丙丁，一二三四，开中药铺；搞活动，"一开会，二报告，三讨论，四结论，五散会"。在会上，

---

① 《毛泽东选集》，大连大众书店 1947 年版，第 822、823 页。

② 《毛泽东文集》第 2 卷，人民出版社 1993 年版，第 411 页。

③ 《毛泽东选集》第 3 卷，人民出版社 1991 年版，第 820 页。

④ 《毛泽东文集》第 3 卷，人民出版社 1996 年版，第 61 页。

做起"报告"来，往往是千篇一律的套路："一国际，二国内，三边区，四本部"，"会是常常从早上开到晚上，没有话讲的人也要讲一顿，不讲好像对人不起。总之，不看实际情形，死守着呆板的旧形式、旧习惯"。①

在毛泽东看来，"凡此主观主义与宗派主义的思想与行动，如不来一个彻底的认真的深刻的斗争，便不能加以克服，便不能争取革命的胜利。而要进行斗争，加以克服，非有一个全党的动员是不会有多大效力的"②。从毛泽东的这个号召出发，1942 年 4 月 3 日，中共中央宣传部作出《关于在延安讨论中央决定及毛泽东同志整顿三风报告的决定》，又称"第一个四三决定"，它对整风运动的目的、要求、方法和步骤作出了明确的规定。毛泽东说，整风要像"一河大水"，冲向各部门。果然，经过这些准备、动员和组织要求，全党的整风运动热火朝天开展起来。

从 1942 年 2 月开始至 1943 年 10 月，全党整风运动步调一致，大体经过发动、学习、总结等步骤，主要做法是先学习文件，后写反省笔记。中共中央规

---

① 《毛泽东选集》第 3 卷，人民出版社 1991 年版，第 841 页。

② 《毛泽东文集》第 2 卷，人民出版社 1993 年版，第 390—391 页。

定必须学习 22 个文件，主要包括毛泽东、刘少奇、列宁、斯大林、季米特洛夫等人的文章和党的一些文件。其中，最多的是毛泽东的论著，其次是斯大林的，由于规定的文件中没有马克思的著作，所以，有人说，整风"停止了马克思主义的学习"。这样的说法似乎有些"教条"。斯大林和毛泽东的著作不也是从马克思主义那里来的吗？延安整风就是为了学习和运用中国化的马克思主义，学会将马克思主义与中国实际相结合。

全党整风取得很大成效以后，1943 年 9 月 7 日，中共中央政治局再度开会，重启中央领导层的整风，深入讨论党的历史和路线问题。这次会议一直开到 1944 年 5 月六届七中全会，因从 9 月开始，也称为"九月政治局会议"，它是 1941 年九月政治局会议的继续。因此前王明批评抗战以后中共中央的政策，所以这次九月政治局会议，在继续深入揭发批判苏维埃运动后期路线错误的同时，着重讨论抗战时期中央路线的是非。会议召开半年前，即 1943 年 3 月 20 日，中央政治局会议已推举毛泽东为中央政治局主席和中央书记处主席。无论是在组织上还是中央领导层的认同上，毛泽东对整风已有绝对的主导权。两个月后，毛泽东突然得知共产国际行将解散，遂十分兴奋地对翻译师哲说："他们做得好，我就主张不要这个机构!"① 接着，中共中央政治局以最快的速度召开会议，在共产国际成员中第一个给共产国际回电表示"完全同意"。

毛泽东后来也曾说："共产国际解散后我们比较自由些。这以前，我们已经开始批评机会主义，开展整风运动，批评王明路线"了。② 由此可见，毛泽东对王明的态度与共产国际有较密切的关系。以目前的材料来看，正是 1943 年以后，毛泽东才逐渐把教条主义批评的矛头指向王明，并把江西苏区时期的"左"倾错误记在他的名下。当然，除去共产国际的因素，也与毛泽东认知的深入及王明的所作所为有关。本来 1941 年 9 月政治局会议结束时，毛泽东的结论是，苏维埃运动后期路线错误的主要负责者是博古，洛甫算犯第二等的错误。对王明，只是说在抗战初期犯了原则上的右倾错误，但不是路线错误。更值得提起的是，当时毛泽东还嘱咐揭发王明的王稼祥、任弼时不要在其他场合再讲，并希望王明病好后重返政治局工作。但是，从那以后，王明却有点执迷不悟，不但拒不认错，而且还不断搞小动作。就在住院期间他又写了一首《忆牡丹》的诗：

① 余伯流：《历史转折中的毛泽东、张闻天、周恩来》，中央文献出版社 2008 年版，第 398 页。

② 《毛泽东文集》第 7 卷，人民出版社 1999 年版，第 121 页。

雍容傲骨岂凡流，荷菊梅兰未可俦。

自是凛然争气节，独逢乱诣不低头。

似乎他在给自己打气，死磕到底，但是历史最终还是会让他低头。更令人不解的是，他住院期间，对前去探望的张闻天、周恩来、王稼祥、刘少奇等中央领导同志，每每大吐苦水，宣扬他那些联合国民党打日本援苏联那一套观点。见到张闻天时他说："这次主要是整从莫斯科回来的同志的，尤其是整你的，你的教条比我多，我自己不过是因为太不懂人情世故了，什么话都随便说，所以遭了毛主席的忌。"[①] 他对老同学王稼祥讲："毛这个人太厉害，现在整我们，你过去也反对过他，你也跑不了的。"见到周恩来时他说："现在整风不过刚刚开始，你我错误一样的，一定会整到你头上去的。"[②] 王明背地里这些"乱说"，似有密谋串联的嫌疑，大约 1943 年初毛泽东得知了其中的一些情况，十分警惕。王明的顽固不化，显然促使毛泽东对党的历史和教条主义的始作俑者进行了重新思考。由

① 张培森主编：《张闻天年谱》下卷，中共党史出版社 2000 年版，第 698 页。

② 任文主编：《我所亲历的延安整风》上，陕西师范大学出版社 2014 年版，第 204 页。

此，认定王明乃是党内主观主义和宗派主义的罪魁祸
首。①

1943 年 9 月中共中央政治局会议正是在这样一种
背景下召开的。在这次会上，毛泽东和中央有几点新
的说法：第一，对于苏维埃运动后期的路线错误，提出
"王明是十年内战时期'左'倾机会主义路线的理论创
造者与支持者，博古是执行者与发挥者"②。这个时候，
毛泽东开始在各种场合公开点名批评王明路线。第二，
把全面抗战初期王明"原则"上的错误，上升至路线错
误的高度，认为王明不要革命领导权，犯有明显的右倾
投降主义路线错误，是新陈独秀主义。第三，对王明错
误的批评越来越升级。毛泽东说，现在谁对谁错，已经
很清楚，再不认错，就有走向敌人的危险。此间，最严
厉的批评是在一个中央文件里，说王明是国民党在共产
党内部的代表，是大地主大资产阶级在无产阶级队伍中
的应声虫，是帮助国民党瓦解共产党的腐蚀剂。有人甚

---

① 从王明的感受，也可发现毛泽东态度的变化。1944 年 3 月，
王明在给季米特洛夫的密电中谈到"最近一年就党内生活问题针对我
开展的重大运动"。（《〈季米特洛夫日记〉中有关中国革命重大事件的
记述》，《中共党史研究》2001 年第 5 期）从中可知，1943 年以后王
明才被当作教条主义的代表人物。

② 《毛泽东年谱（1893—1949）》中卷，中央文献出版社 2013
年版，第 469 页。

至说，王明问题已不再是党内问题，而变成了"党外"问题。

在这样的形势和趋向下，王明不得不低下头来。1943年12月1日，王明授意其妻孟庆树代笔，给中共中央写了一封信，其中说："现在我再一次地向中央声明，我完全放弃我自己的那些意见"，"我愿意做一个毛主席的小学生，重新学起，改造自己的思想意识，纠正自己的教条宗派主义错误，克服自己的弱点"。① 毛泽东曾说，检查认错，"不要像《西游记》中的鲤鱼精，打一下，吐一字"②。而王明似乎恰恰应了这一点。

第四点新的说法是关于整风目的的。毛泽东理直气壮地指出，整风就是要改造中央。为什么呢？他说，遵义会议以前被诬为机会主义者的，今天已变为主要领导者。但这个码头仍是六届四中全会、五中全会选出的中央。这是一个矛盾，已经忍耐了很多年。再忍耐一下也未尝不可，即是说到中共七大时再来解决。毛泽东如此坦率，主要来自已被证明和公认为正确代表的底气。他

① 《王明致毛泽东和中共中央信》（1943年12月1日），转引自金冲及主编：《毛泽东传（1893—1949）》，中央文献出版社2004年版，第688页。

② 任文主编：《我所亲历的延安整风》下，陕西师范大学出版社2014年版，第20页。

还指出，整风就是要打倒两个宗派，一是教条宗派，二是经验宗派。他开诚布公地讲道："王明对洛甫说：'整风是整你和我'，这话又对又不对。说是对的，首先要揭破教条宗派，要'整'。王明、博古、洛甫，对这些同志要'将军'，要全党揭露。说是不对的，还要把一切宗派打坽，打破各个山头，包括其他老干部、新干部。我们只'整'思想，不把人'整死'，是治病救人"①。显然，毛泽东是站在全党的立场上，从全党的长远发展来进行整风的。这个时候他说的"一切宗派"，除教条宗派，主要指的是经验宗派。对于二者的关系，毛泽东说，教条宗派是头，经验宗派是脚；教条宗派是经验宗派的灵魂，而没有经验宗派的支持，那些喝洋墨水的先生们一天也混不下去。毛泽东明确指出，打碎这两个宗派的方法，就是"改造思想"，"以灵魂与人相见，把一切不可告人之隐都坦白出来"。②可知，毛泽东念兹在兹的是思想问题、方法问题，个人的问题、责任的问题还是第二位的，甚至是不那么注重，也未必一定要追究。

1943年九月中央政治局会议的另一个鲜明特点就是，整个中央领导层的参加。会前，即8月，周恩来从

---

① 《胡乔木回忆毛泽东》，人民出版社2014年版，第285页。

② 任文主编：《我所亲历的延安整风》下，陕西师范大学出版社2014年版，第20页。

重庆回到延安。一到延安，他就敏锐地发现，延安已与三年前大为不同，主要是大家的思想作风发生了极大改变。周恩来在中央办公厅举办的欢迎会上热情洋溢地发表了感言，以《三年观感》为题发表在《解放日报》上。其中谈道："没有比这三年来事变的发展再明白的了。过去一切反对过、怀疑过毛泽东同志领导或其意见的人，现在彻头彻尾地证明其为错误了。我们党二十二年的历史证明：毛泽东同志的意见，是贯串着整个党的历史时期，发展成为一条马列主义中国化、也就是中国共产主义的路线！毛泽东同志的方向，就是中国共产党的方向！毛泽东同志的路线，就是中国的布尔什维克的路线！"①

　　经过充分准备，周恩来在接下来的整风会议上作了长篇发言。其中，深刻分析了苏维埃运动后期错误的国际原因，提出王明路线的本质是：党外步步投降，党内处处独立。同时，他进行了深刻的自我剖析，说："做了廿年以上的工作，就根本没有这样反省过"。真可谓是做到了毛泽东所希望的"以灵魂与人相见"。同时他也讲道："我的本质还忠厚，诚实，耐心和热情。"②经过

---

①　转引自金冲及主编：《周恩来传（1898—1949）》，中央文献出版社1995年版，第553、554页。

②　转引自金冲及主编：《周恩来传（1898—1949）》，中央文献出版社1995年版，第561、563页。

这样的检讨，周恩来的认识和心态发生了巨大的变化。至此，毛泽东所希望的在全党弄清是非、改造思想和改造中央的目的已完全达到，对党的历史作一个总结，时机就成熟了。

为了对党的历史和整风运动作一个总结，1944 年 5 月 21 日，中共中央召开六届七中全会。全会通过了毛泽东代表中共中央政治局提出的关于党的历史问题的 6 项意见，并形成了文字决议：（1）中央某个别同志曾被其他一些同志怀疑为有党外问题，根据所有材料研究，认为他们不是党外问题，而是党内错误问题。（2）四中全会后 1931 年的上海临时中央及其后它所召集的五中全会是合法的，因为当时得到共产国际的批准，但选举手续不完备，应作为历史教训。（3）对过去党的历史上的错误应该在思想上弄清楚，但其结论应力求宽大，以便团结全党共同奋斗。（4）自四中全会至遵义会议期间，党中央的领导路线是错误的，但尚有其正确的部分，应该进行适当的分析，不要否认一切。（5）六次大会虽有其缺点与错误，但其基本路线是正确的。（6）在党的历史上曾经存在过教条宗派与经验宗派，但自遵义会议以来，经过各种变化，作为政治纲领与组织形态的这两个宗派，现在已经不存在了，现在党内严重存在的是带着盲目性的山头主义倾向，应当进行切实的教育，克服此种倾向。[1]

在这些结论的基础上，全会对党的历史上的一些具体问题进行了详细讨论，一直到中共七大召开前为止，共举行了 8 次会议，持续 11 个月，是中共历史上召开时间最长的一次中央全会，会议最后通过了《关于若干历史问题的决议》，对党内若干重大历史问题作了正式结论。3 天之后，中国共产党第七次全国代表大会召开，毛泽东思想被明确为全党的指导思想写进党章，全党实现在思想上空前的团结统一。《中共中央关于党的百年奋斗重大成就和历史经验的决议》指出："党的七大为建立新民主主义的新中国制定了正确路线方针政策，使全党在思想上政治上组织上达到空前统一和团结。"这种"统一和团结"也正是在党的第一个历史决议的基础上形成的，也正如第三个历史决议所评述的，"一九四五年党的六届七中全会通过的《关于若干历史问题的决议》"，"实事求是总结党的重大历史事件和重要经验教训，在重大历史关头统一了全党思想和行动"。而如果没有延安整风运动，这种"统一"是不可能的。

在毛泽东的领导下，一个有着 120 余万名党员的全国性大党统一了思想，凝聚了队伍，特别是最高领导层

---

[1] 《胡乔木回忆毛泽东》，人民出版社 2014 年版，第 304 页。

实现了前所未有的团结，这表现了怎样的一种领导方略！毛泽东的领导方略不仅体现在对目标及实现的精心设计上，而且体现在对人心和力量的凝聚上，特别是体现在根据时势和情势来调整目标及实现目标的方式上，以最终大致实现领导活动的初衷。

结语
毛泽东领导方略的支点

　　人类有史以来，凡是有大作为的领导者，必定有道义的支撑和名义。为人民代言，为人民谋利益，为人民立命，是毛泽东始终如一的政治追求。作为人类的个体，无论处在何种国度，无论处在何种文化中，都会有一种天然的神圣性的需求，否则"人"的存在，就找不到意义。那么，毛泽东把人民置于神圣的地位，契合了中国文化中"仁者爱人""天下为公"所形塑的生命存在的意义。

　　人民是一个历史的、政治的范畴，反映了一定社会的政治关系，指的是推动历史发展的绝大多数社会成员的总和，其主体是从事各种劳动的广大群众。它是一个整体或集合体，由不同的社会群体构成，与群众、民众、大众等词同义，很多时候又合在一起称人民群众。任何个人都不能称为人民。然而，正如习近平所指出的，"人民不是抽象的符号，而是一个一个具体的人，有血有肉，有情感，有爱恨，有梦想，也有内心的冲突和挣扎"①。不能讲人民不见个人，也不能以个人来代指人民。

不同的历史时期、不同的社会，人民的具体内涵又是不同的。新中国成立前，毛泽东在《论人民民主专政》一文中指出："人民是什么？在中国，在现阶段，是工人阶级，农民阶级，城市小资产阶级和民族资产阶级。"五星红旗正是由此而来的。中间最大的那颗星显然代指的是中国共产党，周围那四颗小星代指的就是这四个阶级，是为"中华人民"。历经时代和社会的变迁，人民的范围到现在发展为这样四个部分：全体社会主义劳动者、社会主义事业建设者、拥护社会主义爱国者、拥护祖国统一和致力于中华民族伟大复兴爱国者。人民差不多是毛泽东讲话和著述中出现频率最高的一个词语。

一、"甘当小学生"

毛泽东说："我们共产党人好比种子，人民好比土地"，正因为同"人民结合起来"，才"生根、开花"。②这隐含着一个历史观问题。对这一问题，自古以来就有

---

① 习近平：《在文艺工作座谈会上的讲话》，人民出版社 2015年版，第 17 页。

② 《毛泽东选集》第 4 卷，人民出版社 1991 年版，第 1162 页。

两种截然不同的观点，曾长期流行的是英雄史观。英国的卡莱尔认为：全世界的历史"实际上都是降生到这个世界上来的伟大人物的思想外化为物质的结果"。德国的尼采认为，"超人"是历史的主宰者，没有"超人"就没有历史，而人民群众则是"超人"用以实现其意志的工具。中国近代大思想家梁启超也说过："历史者英雄之舞台也，舍英雄几无历史"。然而，根据马克思的唯物史观，人民群众是历史的主体，是历史的创造者，主要是基于：一、人民群众是社会物质财富的创造者。二、人民群众是社会精神财富的创造者。三、人民群众是社会变革的决定力量。"历史活动是群众的事业"，没有人民群众，任何历史的画卷都不能翻开；人民群众是历史演进的"剧中人"，又是历史过程的"剧作者"。对于历史唯物主义的这一基本原理，毛泽东多次讲过："人民，只有人民，才是创造世界历史的动力"；"群众是真正的英雄"。[①] 习近平也多次谈道："人民是历史的创造者，群众是真正的英雄。人民群众是我们力量的源泉"[②]；"人民是历史进步的真正动力，群众是真正的英

---

① 《毛泽东选集》第 3 卷，人民出版社 1991 年版，第 1031、790 页。

② 习近平：《论把握新发展阶段、贯彻新发展理念、构建新发展格局》，中央文献出版社 2021 年版，第 23 页。

雄"①。历史观决定着价值观，共产党人的价值观来源于
这样一种历史观。

关于历史创造者问题，近年来还出现了这样一种观
点，即历史是由人民群众和英雄人物共同创造的。乍一
听起来好像很有道理，但是根据马克思主义学说，历史
归根结底还是由人民群众创造的。但是，这并不否定英
雄人物在历史发展中的作用。英雄人物确实能创造所属
于他的时代，只是要与人民群众密切结合起来，或者能
够顺应民意、顺应时代发展。古今中外的杰出人物之
所以"杰出"就在于这一点。比如中国古代的秦皇汉武、
唐宗宋祖等，外国的彼得大帝、凯末尔、甘地、华盛
顿、林肯等。他们之所以能够功勋盖世，就在于顺应
了人民的愿望。否则，即使盛极一时，也最终会为历
史所淘汰，比如墨索里尼、希特勒等。

在近代中国，毛泽东就是与人民结合得最好的一位
英雄人物。中共七大上，张闻天这样称赞他："他的痛
苦、欢喜与愤怒，就是人民的痛苦、欢喜与愤怒。他的
力量，就是人民的力量。他与人民的结合是如此之密
切，因而分不出究竟他是人民，还是人民是他！"② 原来

---

①　习近平：《论坚持党对一切工作的领导》，中央文献出版社
2019年版，第171页。

②　《张闻天文集》第3卷，中共党史出版社1994年版，第259页。

有学者认为这是对毛泽东的过度恭维，实际上是张闻天从自己的亲身感受道出了中国革命成功的一个哲学命题。

蒋介石也想成功，他曾在日记中说："英雄造时势，时势造英雄，余不愿为时势所造也。"他确实造过"时势"，与中共第一次合作进行国民革命，取得了北伐战争的胜利，使他赢得了一个英雄的称号；与中共第二次合作开启了全民族的抗日战争，使他在国际上声名鹊起，一度与罗斯福、丘吉尔被称为"三巨头"。但是，抗战胜利以后，他不顾全国人民普遍渴望和平建国的愿望，悍然挑起内战，试图一举消灭中共，继续维护国民党的一党专政。结果，不但没有造出"时势"，反而为"时势"所淹没，落了个被人民抛弃的下场。这也从一个侧面反映了中共乃是人民的忠实代表，在近代中国，只有以毛泽东同志为主要代表的中国共产党人才最终创造了中国人民"站起来"的"时势"。

古今中外的历史早已证明，英雄人物造时势，绝不能离开人民。人民群众是历史的主人，是"真正的英雄"，任何想在历史上有作为的领导者都要向人民学习。毛泽东曾指出，无论什么事，"没有满腔的热忱，没有眼睛向下的决心，没有求知的渴望，没有放下臭架子、甘当小学生的精神，是一定不能做，也一定做不好的"①。对此，习近平也多次从各方面讲过："要始终把人民放在心中最高的位置"；"必须从思想和感情深处把人民群众当主人、当先生"；"人民群众中蕴藏着治国理政、管党治党的智慧和力量"；"在人民面前，我们永远是小学生，必须自觉拜人民为师，向能者求教，向智者问策"；"人民是我们党的工作的最高裁决者和最终评判者"。向人民学习，紧紧地与人民连在一起，是领袖人物取得成功的支点。

坚持人民创造历史的观点，就要尊重和激发人民的创造性。为此，就需要有一种可以使创造性产生的空间和环境，就需要有孕育和发挥创造性的条件和舞台。群众是真正的英雄，不能与群众争当英雄。自古以来，中国既有作为主流的积极进取的儒家思想，又有讲求无为而治的黄老哲学，这两种理念和其他优秀传统文化思想相互作用，共同推动了中国古代伟大历史的创造。新时代的领导干部坚持马克思主义的唯物史观，一方面要积极有为，锐意进取，立足现实，谋划未来；另一方面又要认清社会发展规律，尊重人民的创造性，为社会中各方面的人才搭建平台，让未可知的创新尽可能地涌现出来。

---

① 《毛泽东选集》第 3 卷，人民出版社 1991 年版，第 790 页。

二、"决无私利可图"

马克思恩格斯在《共产党宣言》中指出："无产阶级的运动是绝大多数人的，为绝大多数人谋利益的独立的运动。"列宁也曾强调，布尔什维克党是无产阶级的先进部队，要"为千千万万劳动人民"服务，代表他们的利益。在当今世界和社会，讲无产阶级似乎有点不合时宜。其实，无产阶级立场就是人民的立场，因为在马克思那个时代，在各资本主义国家，"绝大多数人"就是无产阶级，无产阶级就是那个时代的最广大人民。从这个意义上，界定现在的中国共产党除了是工人阶级的先锋队，还是中华民族和中国人民的先锋队，是最符合马克思主义的。中国共产党是当之无愧的马克思列宁主义政党。

实际上，早在全民族抗战初期，毛泽东就声明："我们共产党是无产阶级的先锋队，同时又是最彻底的民族解放的先锋队。"[①]1939年2月，在致张闻天的信中，毛泽东最早提出了"为人民服务"的概念。1944年9月，他在张思德追悼会上的讲话经整理修改后，以《为人民服务》为题发表在《解放日报》上，成为后来脍炙人口

---

① 《毛泽东文集》第2卷，人民出版社1993年版，第42页。

的"老三篇"之一。因一个小人物而产生出一个明确的大思想，其本身就带有一种人民性。当时，毛泽东是很自然地讲出来的，甚至预先连草稿都没有。他说："我们这个队伍完全是为着解放人民的，是彻底地为人民的利益工作的。""因为我们是为人民服务的，所以，我们如果有缺点，就不怕别人批评指出。""中国人民正在受难，我们有责任解救他们，我们要努力奋斗。但是我们想到人民的利益，想到大多数人民的痛苦，我们为人民而死，就是死得其所。"[1]

实际上，蒋介石在1937年的日记中也讲过"为人民服务"的话，从时间上看比毛泽东还早了一些。但是，这并不能说明蒋介石比毛泽东高明，因为蒋介石口中的"人民"，含义与毛泽东所指的"人民"有很大不同，特别是蒋介石没有把它上升为国民党的宗旨去要求，仅仅是说了一下而已。从他的日记和各种材料，根本看不出他及其国民党真正地做到了为人民服务。相反，蒋介石还有些看不起人民，他骂"国人幼稚不驯"，甚至有故意利用、愚弄人民的意味，比如他曾说："政治家多以朝三暮四与朝四暮三之道运用于无声无臭、不知不觉

---

[1] 《毛泽东选集》第3卷，人民出版社1991年版，第1004、1005页。

之中来领导民众"。这样一种态度和做法自然促使国民党越来越脱离人民。1946 年，主持党务的陈立夫慨叹："国民党成为不能解决人民问题之党，失去各阶层之广大同情与拥护。既不代表农民，亦不代表工人，又不代表正常之工商，甚至不代表全体官吏，而只代表少数人之利益。"① 当时《革新》周刊一篇《我们的呼声》更加形象地描绘了国民党与人民相脱离的情况："党离党员，党员离党；党离民众，民众离党；上层有党，下层无党；都市有党，乡村无党；做官有党，做事无党；为私有党，为公无党；空谈有党，实行无党；党内有党，党外无党；党的头大，党的脚小；党的名存，党的实亡。"实际上，到 1947 年蒋介石自己也承认，"国民党当政 20 年，党政机构只重做官，不注意实行三民主义，对于社会与民众福利毫未着手"。最后，国民党变成了孤家寡人，分崩离析，不得不退出历史舞台。

毛泽东指出，中国共产党"最忠实地代表中华民族与中国人民的利益"②，"它本身决无私利可图"；"紧紧地

---

① 转引自汪朝光：《1945—1949：国共争争与中国命运》，社会科学文献出版社 2010 年版，第 92 页。

② 《毛泽东年谱（1893—1949）》中卷，中央文献出版社 2013 年版，第 310 页。

和中国人民站在一起，全心全意地为中国人民服务"。①
在中共七大上，全心全意为人民服务写进了党章，成为
整个党的宗旨。毛泽东还特别强调，为人民服务，要全
心全意，不能三心二意，半心半意，三分之二的心三分
之二的意也不行。没有人民的支持，任何领导活动都无
法进行，再高超的领导方略都会成为空中楼阁；正是坚
持为"大多数人"谋利益，全心全意为人民服务，成就
了毛泽东的领导方略。

---

① 《毛泽东选集》第 3 卷，人民出版社 1991 年版，第 809、
1039 页。

责任编辑：朱云河

装帧设计：周方亚

图书在版编目（CIP）数据

跟毛泽东学领导方略/张太原 著 . —北京：人民出版社，2023.11
（2024.3 重印）
ISBN 978 - 7 - 01 - 026100 - 3

I. ①跟…　II. ①张…　III. ①毛泽东（1893—1976）- 领导艺术
　IV. ① A841.64

中国国家版本馆 CIP 数据核字（2023）第 215813 号

跟毛泽东学领导方略

GEN MAOZEDONG XUE LINGDAO FANGLÜE

张太原　著

人民出版社 出版发行
（100706　北京市东城区隆福寺街 99 号）

北京汇林印务有限公司印刷　新华书店经销

2023 年 11 月第 1 版　2024 年 3 月北京第 3 次印刷
开本：880 毫米 × 1230 毫米 1/32　印张：8.25
字数：137 千字

ISBN 978 - 7 - 01 - 026100 - 3　定价：66.00 元

邮购地址 100706　北京市东城区隆福寺街 99 号
人民东方图书销售中心　电话（010）65250042　65289539